DIE ELBE

Elke Frey

JPM GUIDES

INHALT

Touristische Höhepunkte

Lohnende Abstecher

Vergnügliche Flussfahrt

Geschichtsträchtige Landgänge

RICHTUNG ELBE

Die Quelle der Elbe sprudelt in 1386 m Höhe im Riesengebirge in Tschechien aus dem Boden und legt bis Mělník schon einen über 260 km langen Weg zurück, aufgehalten durch zahlreiche Schleusen und Wehre. Hier nimmt die Elbe (tschechisch Labe) die wasserreichere und längere Moldau (tschechisch Vltava) auf; moldauaufwärts gelangen Binnenschiffe nach ungefähr 60 km zur tschechischen Hauptstadt Prag.

Der weitere Lauf der Elbe in Tschechien durch das 50 km lange Durchbruchstal des vulkanischen Böhmischen Mittelgebirges wird oft mit jenem des Rheins verglichen – hier wie dort säumen Burgen und Schlösser sowie Weinberge den Fluss. Zwischen Prag und der deutschen Grenze müssen die Schiffe zwölf Schleusen passieren.

Die »Gebirgsstrecke« der Elbe setzt sich in im deutschen Bundesland Sachsen fort; diese Landschaft steckt voller Liebreiz und Dramatik: Das Elbsandsteingebirge ist eine Märchenwelt aus bizarrren Felsformationen, und im Dresdner Elbtal säumen Rebflächen die sonnenbeschienenen Uferhänge.

Jenseits des Schlossfelsens von Hirschstein beginnt die mittlere Elbe; sie mäandriert in sanften Bogen auf knapp 500 km durch nord- und ostdeutsche Ebenen, davon fast 400 km durch Biosphärenreservate.

142 km vor der Elbmündung markiert das einzige Stauwehr in Deutschland den Übergang zur Unterelbe: Ab hier unterliegt sie den Gezeiten. Am Übergang in die Nordsee ist die 1094 km lange Elbe ein mächtiger, 20 km breiter Strom. Riesenschiffe aus aller Welt fahren die letzten 100 Flusskilometer auf der künstlich ausgetieften Fahrrinne nach Hamburg, Europas drittgrößtem Hafen.

Wasserstraßen im Elbe-Einzugsgebiet

Im Einzugsgebiet der Elbe liegt der überwiegende Teil Ostdeutschlands einschließlich der deutschen Hauptstadt Berlin. Von hier stellte die Havel schon seit

Eine Fahrt auf Elbe und Nebenkanälen bereitet stets Freude (Goldbekkanal in Hamburg).

Huber/Lubenow

Langem die natürliche Schiffsverbindung zur Elbe her. Vom 18. bis in das 21. Jh. wurde die Havel dann sukzessive zur Wasserstraße ausgebaut; Kanäle führen östlich von Berlin zur Oder.

Westwärts von der mittleren Elbe bedient der 325 km lange Mittellandkanal die Industrieregion zwischen Wolfsburg und Hannover und gelangt schließlich in das Einzugsgebiet des Rheins. Vom Mittellandkanal aus durchquert der Elbe-Seitenkanal die Lüneburger Heide nordwärts und erreicht die Elbe rund 50 km vor dem Hamburger Hafen.

Die drei Kanalsysteme, die auf den letzten gut 200 Kilometern des Elbstroms nach Norden abzweigen, könnten unterschiedlicher nicht sein: Die Müritz-Elde-Wasserstraße, zusammen mit der mecklenburgisch-brandenburgischen Seenlandschaft und der Oberen Havel bis nach Berlin, ist ein traumhaftes Freizeitgebiet mit winzigen Kanälen durch verschwiegene Wälder und über große und kleine Seen.

Die kürzeste Wasserstraße von der Elbe nach Norden dagegen, der Elbe-Lübeck-Kanal, ermöglicht den Schiffen die Reise von der Elbe über Lübeck zur Ostsee. Seinen Vorläufer baute die reiche Hansestadt schon im 14. Jh. – den ersten Kanal der Welt, der eine Wasserscheide quert. Der Nord-Ostsee-Kanal schließlich, der Seeschiffen den Weg über das Skagerrak um 900 km verkürzt, ist der am stärksten befahrene künstliche Schifffahrtsweg der Welt.

Von Prag zum Böhmischen Mittelgebirge

Prag behielt seinen Ruf als »Goldene Stadt« bis heute, obwohl die zu Karls IV. Zeiten (14. Jh.) vergoldeten Türme der Burg jetzt schlichter, aber nicht weniger eindrucksvoll ausfallen. Ein Juwel ist die eindrucksvolle Altstadt mit der mittelalterlichen Karlsbrücke über die Moldau – beide sind UNESCO-Weltkulturerbe. Die Stadt ist ein bau- und kulturhistorisches Gesamtkunstwerk; es blieb von Zerstörungen im Zweiten Weltkrieg glücklicherweise weitgehend verschont und hat auch die kommunistische Nachkriegszeit fast schadlos überstanden. Prag lockt auch mit reicher Museenlandschaft, einem beinahe unerschöpflichen Kulturprogramm und einem vielseitigen Nachtleben.

Die Schifffahrt durch Tschechien auf Moldau und Elbe verzaubert: Viele der ufernahen Wehrburgen wurden seit der Renaissance zu prächtigen Schlössern. Während der sozialistischen Ära verstaatlicht, sind zahlreiche Paläste heute wieder in privater Hand, und manche wurden in letzter Zeit zu prachtvollen Blickfängen am Ufer. Schloss Mělník thront hoch über der Elbe, Burg Schreckenstein im engen Tal des Böhmischen Mittelgebirges erinnert an die Ritterzeit, und das Barockschloss von Děčín überschaut das Elbtal wenige Kilometer vor der deutschen Grenze.

Burgen, Schlösser und Kunst: Dresden und Meißen

Im Elbsandsteingebirge mit seinen fantastischen Felsen, an denen sich hie und da Kletterer versuchen, versteht man gut, dass die trutzige Bergfeste Königsstein nie erobert wurde. Der Dresdner Talkessel bietet Ausblicke auf die Stadt, deren Blütezeit mit den repräsentationsfreudigen sächsischen Kurfürsten begann. Prachtschlösser, herrliche Parks, die Preziosen im Grünen Gewölbe oder die Sammlungen im Zwinger legen Zeugnis davon ab.

Dresden knüpfte nach Kriegszerstörungen und Vernachlässigung während der DDR-Zeit an seinen Ruf als selbstbewusste Kulturstadt an. Symbole sind etwa die wiederaufgebaute Frauenkirche und das neu gestaltete Albertinum, das Dresdens führende Rolle als fortschrittliche Künstlerstadt seit der Romantik belegt. Und wie man in Sachsen etwa Erfindungen in klingende Münze umsetzt, dafür gibt die Porzellanmanufaktur im Bilderbuch-Städtchen Meißen seit dem 18. Jh. ein eindrucksvolles Beispiel.

Die Naturstrecke der Elbe

Die einzige Großstadt auf dem beschaulichen Weg der Elbe bis Hamburg ist die alte Hansestadt Magdeburg, Hauptstadt von Sachsen-Anhalt. Mit Alt und Neu wartet sie auf – mit über 1000-jähriger Geschichte, wie dem Grab Ottos I. im gotischen Dom, aber auch mit der modernen und weltweit längsten Trogbrücke, die hier den Mittellandkanal über die Elbe hinüberführt.

Die weitgehend unter Naturschutz stehende Flussroute begleiten aber auch allerlei ansehnliche Städte und Städtchen: etwa Torgau, wo sich am Ende des Weltkriegs Russen und Amerikaner auf der Elbbrücke die Hand gaben, die Lutherstadt Wittenberg, wo der Reformator 1517 seine 95 Thesen an die Schlosskirchentür schlug, das UNESCO-Weltkulturerbe Gartenreich Dessau-Wörlitz, die Bauhaus-Stadt Dessau, das Backsteinensemble von Tangermünde oder die reizende Schifferstadt Lauenburg.

Das Meer ruft: Hamburg, Lübeck, Kiel

Selten gewährt eine Hafenstadt einen so direkten Einblick in die Welt des Schiffsverkehrs wie die Freie und Hansestadt Hamburg – im »Tor zur Welt« kommt Fernweh auf und die bildschöne historische Speicherstadt bewahrt das Andenken an die traditionelle Seefahrt. Doch die Millionenstadt mit über 800-jähriger Hafengeschichte und dem weltbekannten Vergnügungsviertel St. Pauli verführt ebenso mit den erfrischenden Seen der Alster, reich bestückten Museen, wie der renommierten Kunsthalle, perfektem Shoppingangebot oder einer großzügigen Kulturpalette von Weltklasse-Ballett über Erfolgsmusicals bis zu schrägen Kabaretts.

Seit dem Mittelalter kooperieren Hamburg und Lübeck. Die Stadt an der Trave war einst Herrscherin über den Ostsee- und Skandinavienhandel; bis heute bewahrt sie mit prächtigen Kirchen und Kaufmannshäusern ihren Ruf als »Königin der Hanse«, was ihr einen Platz auf der UNESCO-Weltkulturerbeliste eintrug. Sehenswert ist auch der erholsame maritime Stadtteil Travemünde.

Kiel, Hauptstadt Schleswig-Holsteins, ist mit der Ostsee eng verknüpft: Sie ist Flottenstützpunkt, Fähr- und Kreuzfahrthafen und bietet Zugang zum Nord-Ostsee-Kanal. Der größte Segelevent der Welt ist die jährliche »Kieler Woche«. Die einstige Präsenz des schleswig-holsteinischen Adels drückte der Stadt ihren Stempel auf.

Berlin und Potsdam

Deutschlands Hauptstadt Berlin ist mit 3,5 Millionen Einwohnern größte Stadt des Landes und nach ihrer spektakulären jahrzehntelangen Teilung in Ost und West geradezu ein Laboratorium städtischer Entwicklung. Mit dem Fall der Mauer 1989 ist noch mehr Bewegung in die ohnehin quirlige Großstadt gekommen. Zahlreiche Neubauten schossen empor, nicht nur am Potsdamer Platz oder im neuen Regierungsviertel; vieles Vorhandene bekam und bekommt nach jahrzehntelangem Stillstand einen neuen Schliff, wie das Reichstagsgebäude, nun Sitz des Deutschen Bundestags, oder die Bauten für die kostbaren Sammlungen der Museumsinsel, die zum Weltkulturerbe der UNESCO zählen. Die Stadt besitzt rund 170 weitere Ausstellungsorte.

Die Kulturstadt ersten Ranges bietet ein enormes Spektrum an Unterhaltung – von den Berliner Philharmonikern über die ungemein rührige Berliner Theaterwelt bis zum Quatsch Comedy Club. Legendär ist die Kneipenszene, die besonders im Berliner Osten auch ausgefallene Blüten treibt. Jenseits des erholsamen Berliner Grunewalds und des Wannsees und weiterer lauschiger Gewässer entlang der Havel liegt Potsdam, heute die Hauptstadt Brandenburgs. Mit der überwältigenden Pracht von Schloss und Park Sanssouci widerspiegelt es die glorreiche Zeit der Preußenkönige im 18. Jh.

Schon im Mittelalter war Prag eine prächtige Stadt, wie diese Abbildung aus der *Schedelschen Weltchronik* (Nürnberg 1493) zeigt.

RÜCKBLENDE

Die Elbe durchfließt Mitteleuropa vom Riesengebirge bis zur Nordsee; im Laufe der Geschichte diente der Fluss immer wieder einmal als Grenze, aber seine verbindende Funktion war letztlich wichtiger: Er verknüpfte Ost- mit Westeuropa und stellte, zusammen mit der Moldau, schon in vorgeschichtlicher Zeit als Verkehrsweg den Kontakt von der Nord- und Ostseeregion zum Donau- und Mittelmeerraum her.

Erste Siedler

Nach der letzten großen Eiszeit, die das nördliche Mitteleuropa in eine siedlungsfeindliche arktische Steppe verwandelt hatte, wurden seit der Jungsteinzeit (8000–2000 v. Chr.) Menschen im Einzugsgebiet der Elbe sesshaft und betrieben Ackerbau, beispielsweise in der Lüneburger Heide oder im Dresdner Elbtal.

Größere Gruppen altsteinzeitlicher Bevölkerung gab es bereits im klimatisch begünstigteren Süden wie in Sachsen und Böhmen. Während der Bronzezeit (2000-800 v. Chr.) war der Lauf von Elbe und Moldau einer der europäischen Handelswege für Bronze und Bernstein. Ab 800 v. Chr. (Eisenzeit) lebten germanische Stämme in Norddeutschland; sie drangen ab 200 v. Chr. nach Sachsen und Nordböhmen vor.

Römer und Slawen

Versuche der Römer, die Grenze ihres Weltreichs im 1. Jh. n. Chr. vom Rhein bis zur Elbe vorzuschieben, scheiterten am heftigen Widerstand der Germanen. Zur Völkerwanderungszeit (4.–7. Jh.) verließen viele Germanen den Elberaum und wanderten west- und südwärts. Aus dem europäischen Südosten kamen ab 550 Slawen nach Böhmen (benannt nach dem hier früher ansässigen Keltenstamm der Boier) und in das heutige Sachsen und breiteten sich nordwärts bis in den Ostseeraum aus. Im Bereich von Ober- und Mittelelbe besiedelten sie auch linkselbisches Gebiet.

Karl der Große und das Christentum

Die Expansionszüge des Frankenherrschers Karls des Großen

(768–814) gingen Hand in Hand mit christlicher Missionierung. Die slawische Bevölkerung Böhmens setzte sich ab 805 gegen beides zur Wehr, wurde Karl aber dann dennoch tributpflichtig. Eine weitergehende Abhängigkeit vom Frankenreich blieb hingegen aus.

Karls Truppen besiegten 789 den Slawenfürsten Dragowit östlich der mittleren Elbe, stießen bis zum Anfang des 9. Jh. nordwärts zur Unterelbe vor und unterwarfen das Volk der dortigen Sachsen (»Altsachsen«, »Niedersachsen«, nicht identisch mit den Sachsen der oberen Elbe). Die Grenze zwischen Sachsen und Slawen nördlich der Elbe bildete der *Limes Saxoniae*, ein undurchdringlicher Urwald zwischen der Kieler Förde und Lauenburg an der Elbe.

Hamburg am Nordufer der Elbe wurde im Jahre 831 zum Bischofssitz erhoben, aber bereits 845 von heidnischen dänischen Wikingern zerstört. 983 beim großen Slawenaufstand des im Ostseeraum ansässigen Slawenstamms der Obotriten wurde Hamburg erneut verheert. Es sollte nordöstlich der Elbe noch bis ins 12. Jh. dauern, bis die Slawenmission Erfolg hatte.

Der Weg zum Königreich Böhmen

Der Sachsenherzog und König des Ostfränkischen Reichs, Heinrich I. (919–936), unternahm 928–29 gleich mehrere Feldzüge gegen die Elbslawen: Von den Obotriten im Norden bis zu den Böhmen im Süden machte er sich viele Stämme tributpflichtig und ließ die Grenzgebiete (»Marken«) ab 929 von der Burg Meißen aus verwalten.

In Böhmen nahm das slawische Adelsgeschlecht der Přemysliden eine Vorrangstellung ein und regierte das Land von der Prager Burg aus. Der Brudermord von Boleslav an dem regierenden Fürsten Wenzel (tschechisch Václav) 935 geschah möglicherweise, weil dieser sich Heinrich I. unterworfen hatte. Wenzel galt bald als Märtyrer und avancierte später zum Nationalheiligen.

Böhmen erlebte unter Boleslav erheblichen wirtschaftlichen Aufschwung, es wurde 973 Bistum mit Sitz in Prag. 1085 erhielt Vratislav II. die Königswürde; Böhmen bekam im Heiligen Römischen Reich Deutscher Nation wie die Kurfürsten das Recht, den deutschen König zu wählen.

In Magdeburg, bedeutender Handelsort an einer wichtigen Furt der mittleren Elbe, gründete Kaiser Otto I. (962–973) eine Kaiserpfalz und errichtete hier ein Erzbistum. Die einstigen Slawenfestungen Havelberg und Brandenburg wurden Bistümer, doch auch hier wehrten sich slawische Stämme bis in das 12. Jh. gegen die Missionierung.

Ostkolonisation und Hanse

Als das Heilige Römische Reich seine Macht nördlich und östlich der Elbe gefestigt hatte, setzte hier eine Welle der Kolonisierung und Städtegründung ein; Siedler kamen bevorzugt aus dem Westen Europas, besonders aus Holland, Flandern und Westfalen. Sachsenherzog Heinrich der Löwe (reg. 1142–1180) gründete u. a. Lübeck und richtete die Bistümer Ratzeburg und Schwerin ein. Mit der Heirat seiner außerehelichen Tochter Mathilde mit dem Slawenfürsten Borwin I. nahm das Adelsgeschlecht der Mecklenburger seinen Anfang, das bis 1918 die Landesfürsten stellen sollte.

Die südlich angrenzende Mark Brandenburg entstand 1150 mit der Einnahme slawischer Gebiete durch den Askanierfürsten Heinrich der Bär. Seinen Hauptsitz errichtete er in Brandenburg an der Havel, eine weitere Burg in Spandau an der Spreemündung in die Havel.

Wenig spreeaufwärts vereinigten sich 1307 die im 13. Jh. gegründeten Städte Cölln und Berlin. Diese beiden Städte waren Mitglieder des sich im 13./14. Jh. entwickelnden Wirtschafts- und Kulturbündnisses der Hanse. Als »Königin der Hanse« beherrschte Lübeck den Ostseeraum; bedeutende Hansestädte im nördlichen Elbegebiet waren Stade, Hamburg, Lüneburg und Magdeburg.

wikimedia.org/Gun Powder Ma

Stolz der Hanse: Die *Adler von Lübeck* war das größte Schiff im 16. Jh.

Sachsens Kurfürsten, Kaiser Karl IV. und die Hohenzollern

Das Herzogtum Sachsen zerfiel und bestand im 13. Jh. nur noch aus Sachsen-Wittenberg, das unter dem Geschlecht der Wettiner 1356 die Kurwürde erhielt. Dieses Kurfürstentum Sachsen (auch Kursachsen oder Obersachsen im Gegensatz zu Niedersachsen) genannte Gebiet dehnten die Wettiner bis zur Oder und südwärts nach Thüringen aus.

1485 teilten sich die Brüder Ernst und Albert den Besitz, ersterer erhielt Thüringen sowie die Kurwürde, letzterer u. a. das östlich gelegene Sachsen, das wegen der Silberminen des Erzgebirges sehr lukrativ war; die Hauptstadt wurde von Meißen nach Dresden verlegt. 1547 fiel die Kurwürde an die albertinische Linie.

Mit dem Aussterben der männlichen Přemysliden gelangte Böhmen durch Heirat in die Hand der Dynastie der Luxemburger. Ihr

Christoph Münch

Der Sachsenkönig August der Starke hoch zu Ross im »Fürstenzug«.

mächtigster böhmischer König war Karl IV. (1347–1378), der 1355 auch deutscher Kaiser wurde. Er schuf das »Goldene Prag«, ließ den Veitsdom ausbauen und gründete 1348 die Karls-Universität. Sein Plan, Tangermünde am linken Ufer der Elbe, wo er eine Kaiserpfalz errichtete, zu einer bedeutenden Hansestadt zu machen, erfüllte sich nicht. Einer seiner Nachfahren machte 1415 die Hohenzollern zu Verwaltern der Mark Brandenburg.

Der brandenburgische Markgraf Friedrich IV. erhielt schlussendlich 1451 die Kurfürstenwürde und verlegte seine Hauptstadt von Brandenburg nach Berlin.

Die Reformation und der Dreißigjährige Krieg

Mit Jan Hus (1369–1415) besitzen die Tschechen nicht nur einen Reformator, sondern auch einen glühenden Verfechter der tschechischen Sprache und Nationalhelden. Er lehrte an der Prager Universität und reformierte u. a. die Schreibweise des Tschechischen. Da in Böhmen Oberschicht und Klerus überwiegend deutscher Herkunft waren, das Volk dagegen tschechisch, besaß der begnadete Redner und Kirchenkritiker Hus hier eine treue Anhängerschaft.

Vor das Konstanzer Konzil zitiert, widerrief Hus seine Lehren nicht und wurde 1415 als Ketzer auf dem Scheiterhaufen verbrannt. Beim Ersten Prager Fenstersturz 1419 warfen Hussiten (die Anhänger des hingerichteten Hus) katholische Ratsherren aus dem Fenster des Neustädter Rathauses. Die blutigen Hussitenkriege bis 1434 blieben erfolglos.

Als Martin Luther (1483–1546) 1517 seine 95 Thesen an der Wittenberger Schlosskirche veröffentlichte, verschafften Fürsprecher in hohen Ämtern und die Erfindung des Buchdrucks mit beweglichen Lettern – wodurch Luthers Schriften weite Verbreitung fanden – dieser anfänglich als Reform der Kirche gedachten Bewegung nachhaltigeren Erfolg. Entlang der Elbe setzte sich weitgehend der lutherische Glaube durch. Böhmen, seit 1526 unter der Herrschaft der Habsburger, blieb katholisch oder wurde – wo die Reformation bereits gesiegt hatte – rekatholisiert.

Rudolf II. verlegte die Hauptstadt von Wien nach Prag. Unter Ferdinand II. kam es 1618 zum Zweiten Prager Fenstersturz, bei dem Vertreter der protestantischen Stände zwei kaiserlich-katholische Statthalter aus dem Fenster des Königspalastes warfen: Der Dreißigjährige Krieg (1618–1648) nahm seinen Lauf und verwüstete Mitteleuropa schwer. Bis zur Erschöpfung wurde um Macht und Religion im Heiligen Römischen Reich gekämpft. Doch obwohl gewisse Gebiete über die Hälfte der Bevölkerung verloren und mehr als hundert Jahre brauchten, um sich von den Kriegsfolgen zu erholen, gab es auch politische und wirtschaftliche Gewinner, darunter die Stadt Hamburg.

Aufgeklärter Absolutismus

Dank seiner unüberwindlichen Stadtbefestigung blieb Hamburg vom Dreißigjährigen Krieg verschont. Es war seit 1618 Freie Reichsstadt, wo der Adel keinen Platz hatte, und kaufte sich 1768 mit dem Gottorfer Vertrag vom dänischen Königreich frei, welches seit Jahrhunderten ein Anrecht auf die reiche Hansestadt beansprucht hatte.

Berlin, das im Krieg schwer beschädigt worden war und einen Großteil seiner Bevölkerung verloren hatte, erhielt unter Friedrich Wilhelm von Brandenburg, dem Großen Kurfürsten (1640–88), ein repräsentatives Aussehen. Einen starken wirtschaftlichen und kulturellen Aufschwung lösten hugenottische und jüdische Zuwanderer aus. König Friedrich II. von Preußen (1740–86) modernisierte den Staat und ließ in Potsdam den prachtvollen Garten von Sanssouci und darin das gleichnamige Schloss bauen.

Der sächsische Kurfürst Friedrich August I. (»August der Starke«, 1694–1733) entwickelte Dresden und seine Umgebung zum Mekka höfischer Kultur, die Stadt erlebte ihre kulturelle und architektonische Hochblüte. Unter seinen Nachfolgern Friedrich August II. und August III. sank allmählich der Glanz Sachsens, eingepfercht zwischen den Großmächten Preußen und Österreich. Böhmen war unter der Habsburger Monarchie nur ein kleiner Teil des riesigen Kaiserreiches Österreich; das Land profitierte aber von den weitreichenden und effizienten Reformen, die sogar auch die untersten Bevölkerungsschichten erreichten.

Napoleon und sein Erbe

Napoleon hat Prag nie gesehen, und Böhmen blieb unbehelligt, während seine Armee große Teile Mittel- und Osteuropas einnahm. Umso heftiger tobten Schlachten in den übrigen Gebieten des Elbtals, die Grande Armée besetzte Hamburg 1806–14, dann Berlin 1806–08, und Dresden litt 1813 unter der Schlacht unmittelbar vor den Toren der Stadt.

Deutschland war zu dieser Zeit ein Flickenteppich aus zahllosen Kleinstaaten, Fürstentümern und anderen Gebieten, was den Warenverkehr auf der Elbe (und nicht nur dort) durch übermäßig viele Zollstellen massiv beeinträchtigte. Erst die Schaffung des Deutschen Zollvereins 1834 schuf Abhilfe. Hamburg fürchtete um den Verlust seiner Eigenständigkeit und trat nicht bei. Doch mit der Schaffung eines Freihafens 1888 wahrte die Stadt ihre Unabhängigkeit und vollzog den Anschluss an den Zollverein doch noch. Die Stadt baute ihren Hafen für moderne Dampfschiffe aus. Berlin wurde Hauptstadt des 1871 gegründeten Deutschen Reiches und rückte zu den bedeutendsten Metropolen Europas auf.

Zwei Weltkriege und der Kalte Krieg

Hamburg entwickelte sich zu einem Welthafen; die HAPAG (Hamburg-Amerikanische Paketfahrt-AG) war 1913 die weltgrößte Reederei, umso schmerzlicher wog der Verlust aller Schiffe nach dem Ersten Weltkrieg. Der Versailler Vertrag 1919 internationalisierte den Elbe-Moldau-Schifffahrtsweg ab Prag und unterstellte ihn einer Kommission; dieser gehörte auch die 1918 gegründete Tschechoslowakei an. Sie erhielt ab 1929 ein Hoheitsgebiet im Hamburger Hafen auf 99 Jahre zur Pacht.

Gegen Ende des Zweiten Weltkriegs wurden im Elbe-Einzugsgebiet die Großstädte Hamburg, Magdeburg, Dresden sowie Berlin nahezu vollständig zerstört, Prag im deutsch besetzten Territorium blieb, abgesehen von wenigen Bombardierungen, weitgehend unversehrt. An der Elbe bei Torgau trafen russische und amerikanische Einheiten aufeinander – der Krieg war zu Ende, aber Frieden wurde nie geschlossen. Stattdessen wurde die Elbe östlich von Hamburg auf ca. 90 km schärfstens bewachte Grenzlinie zwischen der Bundesrepublik Deutschland und der Deutschen Demokratischen Republik; der weitere Mittel- und Oberlauf lag östlich des Eisernen Vorhangs – eine hermetische Grenze: Viele Menschen fanden den Tod beim Versuch, sie zu überqueren. Berlin erhielt eine Sonderstellung als eine Art Exklave der »Westlichen Welt«, eingezäunt von der DDR;

ab 1961 schottete die »Berliner Mauer« Ostberlin vom Westteil der Stadt ab.

Als die Tschechoslowakei 1968 unter Alexander Dubček versuchte, einen eigenen politischen Weg im Sozialismus zu gehen (»Prager Frühling«), verhinderten dies sowjetische Panzer. Führende Intellektuelle und Politiker läuteten 1977 mit der »Charta 77« die tschechische Bürgerrechtsbewegung ein, der erst 1989 Erfolg beschieden war.

Erneutes Zusammenwachsen

Der Fall des Eisernen Vorhangs 1989 führte im gesamten Elberaum zu einschneidenden Umwälzungen: Auf einmal dehnte sich Hamburgs Aktionsradius wieder bis weit nach Osteuropa aus; Berlin erhielt 1999 seine frühere Hauptstadtfunktion zurück; die vernachlässigten ostdeutschen Städte machten sich an eine Generalüberholung des historischen Baubestands – weltweit beachtet wurde der Wiederaufbau der im Krieg zerstörten Dresdner Frauenkirche. Die Elbe selbst, während der DDR-Zeit v. a. zur Abwasser-Entsorgung missbraucht, wurde dank strengerer Umweltauflagen und dem Niedergang der ostdeutschen Industrie revitalisiert; weit über die Hälfte des Elbtals in Deutschland steht inzwischen unter Naturschutz. Der Binnenschifffahrt auf der Elbe sind keine Grenzen mehr gesetzt – außer bei extremen Wasserverhältnissen –, wodurch der Schiffstourismus auf dem Strom wieder aufblühte.

hemis.fr/Frumm

Die berüchtigte Mauer trennte Berlin jahrzehntelang in zwei Teile.

Tschechien, seit dem Ende der Tschechoslowakei 1993 von der Slowakei getrennt, wurde, wie die Slowakei auch, 2004 Mitglied der EU, seither passiert man beim Übergang von der tschechischen Labe zur deutschen Elbe nurmehr eine EU-Binnengrenze. Auch Grenzkontrollen entfallen nun, da Tschechien seit Ende 2007 zum Schengen-Raum zählt.

Prag – die Goldene Stadt an der Moldau – schlägt jeden Besucher in ihren Bann.

istockphoto.com/JurgaR

DIE ELBE

Aus praktischen wie auch aus touristischen Gründen beginnt eine Elbkreuzfahrt oft bereits in der tschechischen Hauptstadt Prag, von wo die Elbe nach einem kurzen Stück auf der Moldau erreicht wird. Nach dem Elbsandsteingebirge folgt ein weiterer Höhepunkt, das barocke »Elbflorenz«, Dresden. Weiter geht es an beschaulichen Landschaften und dem geschichtsträchtigen Magdeburg vorbei Richtung Hansestadt Hamburg, von wo es dann nur noch rund 100 km sind bis zur Nordsee.

Von Prag bis Dresden

Prag ist bekannt als die »goldene Stadt« – und die Bühne für die prächtige Kulisse bietet hier die Moldau. Schon ab dem Stadtausgang zwängt sich der Fluss durch ein enges Tal, das erst an der Mündung in die Elbe endet. Im breiteren Elbtal unterteilen den nun vereinten Fluss zahlreiche Staustufen, bevor er Tschechien verlässt. Bei der Durchquerung des Elbsandsteingebirges ist die Elbe kurz Grenzfluss, bevor sie schließlich mit Dresden die erste größere Stadt auf deutschem Boden erreicht.

Prag

Um ein wenig von Prags Zauber einzufangen, muss man die Stadt am frühen Morgen überraschen. Schafft man es, über die Karlsbrücke zu gehen, bevor die anderen Touristen eintreffen, fühlt man sich unversehens ins Mittelalter zurückversetzt, und die Statuen zu beiden Seiten der Brücke scheinen in wundersame Gespräche vertieft zu sein. Noch liegt geheimnisvolle Ruhe über den Kuppeln und Kirchtürmen der Stadt, still thront die mächtige Burg auf ihrem Hügel.

Wenn die Sonne höhersteigt, leuchten die vorübergehend während der sozialistischen Epoche ergrauten Fassaden heute in hellen Pastellfarben. Gut tausend Jahre lang haben die Baumeister Prags jeden nur erdenklichen Kunstgriff angewendet, um ihre Werke zu schmücken: gotische Spitzbogen, Renaissance-Fenster, Rokoko-Engelchen, anmutige Ju-

istockphoto.com/Lillisphotography

Malerisch durchzieht die schmale Čertovka die Prager Kleinseite.

gendstil-Figuren … Am besten entdecken Sie dieses Patchwork unterschiedlicher Baustile zu Fuß, denn in Prag findet man sich schnell zurecht.

Das heutige Prag besteht aus ursprünglich vier Städten, die 1784 administrativ vereint wurden: Am linken Moldauufer überragt der imposante Hradschin (*Hradčany*, Burgbezirk, heutiger Amtssitz des Staatspräsidenten) die »Kleinseite« *(Malá Strana)* zu seinen Füßen. Die Karlsbrücke (km 53 der Flussschifffahrt) ist Fußgängern vorbehalten und führt jenseits des Flusses in die Altstadt *(Staré Město)*, beide gehören gemeinsam zum UNESCO-Welterbe; die anschließende Neustadt *(Nové Město)* zählt immerhin 600 Jahre.

Wir beginnen den Stadtrundgang in der Neustadt am Wenzelsplatz und besuchen dann die Altstadt, wo ein Gewirr von engen Gassen den schönen Marktplatz, den Altstädter Ring, umfasst. Die Karlová-Straße führt zur Karlsbrücke; auf der anderen Moldauseite wird die Malá Strana erkundet und zuletzt erklimmen wir den Hügel, auf dem die Burg thront.

Legen Sie auf Ihrem Rundgang einen Halt in einem Straßencafé ein oder besuchen Sie die traditionellen Bierkeller oder eine Weinstube. Wenn dann die Nacht anbricht, versinkt die »Stadt der hundert Türme« wieder ins unergründliche Reich mittelalterlicher Geheimnisse, und seit kurzer Zeit verleiht auf der Karlsbrücke auch das goldgelbe Licht wiederhergestellter Gaslaternen der Stadt weitere Magie.

Neustadt

Die Neustadt ist der lebendigste Teil von Prag. Sie wurde im 14. Jh. angelegt, erfuhr aber im 19. und 20. Jh. grundlegende Umstrukturierungen.

Der lang gezogene **Wenzelsplatz** *(Václavské Náměsti)*, der eher

Boulevard heißen müsste, gilt als Prags Antwort auf die Champs-Elysées und ist das Geschäftszentrum der Stadt. Am südöstlichen Ende wacht das **Reiterstandbild des hl. Wenzels**, Böhmens Schutzheiligen, umgeben von vier anderen Landespatronen. Eine Gedenkstätte erinnert an den Studenten Jan Palach, der sich hier 1969 aus Protest gegen den Einmarsch der sowjetischen Truppen verbrannte.

Im Hintergrund erhebt sich das **Nationalmuseum** im Stil der Neurenaissance; es ist zurzeit wegen Renovierung geschlossen. Seine Themen, Geschichte des Landes, Mineralogie, Paläontologie und Zoologie sowie Sonderaustellungen sind zum Teil an anderen Orten der Stadt untergebracht.

An der nördlichen Langseite des Platzes befindet sich das **Hotel Evropa**, ein herausragendes Beispiel des Jugendstils. Seine Fassade ist mit goldenen Buchstaben, Blumenmotiven, Mosaiken und schönen Balkonen geschmückt. Das Café im Erdgeschoss prangt im Jugendstil höchster Vollendung: Mahagonitäfelung, schmiedeeiserne Treppengeländer, bunte Glasfenster, Karyatiden …

Vom nordwestlichen Ende des Wenzelsplatzes, vom Nationalmuseum ca. 1 km entfernt, gelangt man links zum **Jungmannovo-Platz**. Hier steht die 1347 erbaute und im 18. Jh. im Barockstil umgestaltete **Kirche Maria Schnee**. Ihr Hochaltar ist der größte in ganz Prag. Die angrenzenden Gärten eines früheren **Franziskanerklosters** bilden eine Oase der Stille.

Na Příkopě (Am Graben) ist eine von Banken gesäumte Straße und verbindet den Wenzelsplatz nordostwärts mit dem Republik-Platz. Auf halber Strecke zweigt rechts die Panská-Straße ab, in der das Kaunický-Palais heute das **Mucha-Museum** beherbergt. Mehr als 80 Werke des 1860 in Mähren geborenen Jugendstil-Malers und Dekorateurs Alfons Mucha sind hier versammelt.

Am Republik-Platz steht das herrliche, renovierte **Jugendstil-Gemeindehaus** (Obecní dům). Anfang des 20. Jh. wurde es als Kulturzentrum an der Stelle des früheren Königspalastes erbaut. So bedeutende Künstler wie Václav Myslbek, Alfons Mucha und Max Švabinský wirkten an seiner Errichtung mit.

Eine schmale Treppe führt auf den **Pulverturm** links vom Gemeindehaus (im 18. Jh. wurde hier Schießpulver gelagert), von wo Sie ein schöne Sicht auf die gesamte Altstadt haben.

Altstadt

Der Pulverturm ist ein Tor zur Altstadt. Hier beginnt auch die von gotischen Häusern mit barockem Schmuck gesäumte **Zeltnergasse** (Celetná), eine der ältesten Gassen Prags und Teil der

Königsstraße, auf der sich die Könige zur Krönung auf der Prager Burg begaben. Das Haus Nr. 34, Zur Schwarzen Mutter Gottes, gilt als Musterbeispiel des Kubismus (Josef Gočár, 1912).

Bevor die Zeltnergasse in den mittelalterlichen Altstädter Ring mündet, den schönsten Platz Prags, passiert man die **Kirche Maria am Teyn**. Ihre beiden 80 m hohen Türme mit den verzierten Spitzhauben wurden im 15. und 16. Jh. errichtet. Der Innenraum ist mit barocken Kunstschätzen geschmückt. Die Grabplatte vor dem Hauptaltar gedenkt des berühmten dänischen Astronomen Tycho Brahe (1546-1601), der am Hof Rudolfs II. wirkte.

Häuser mit prachtvollen Fassaden umgeben den **Hauptplatz** der Altstadt. Alle Stilrichtungen sind hier vertreten: gotische Portale, Renaissance-Fresken, barocke Giebel. In der Mitte erhebt sich

istockphoto.com/Lugaresi

Bitte zu Tisch! Besucher trauen ihren Augen nicht: Die Auslagen der tschechischen Fleischwarenhandlungen quellen über vor aufgetürmten Würsten, Schinken und Fleischstücken. Der Duft steigt einem in die Nase. Kein Zweifel: Sie sind im Königreich der Wurstwaren. Neben den üblichen Bratwürsten mit süßem Senf und einer Scheibe Brot, die an Straßenständen feilgeboten werden, lohnt es sich, auch andere Spezialitäten zu probieren.

Typische Geflügelgerichte sind beispielsweise gebratene Ente *(pečená kachna)* und Gans *(husa)*. Gut schmeckt auch Reh *(srnčí)* mit einer Sauce aus Preiselbeeren und Rahm. Am häufigsten wird aber Schweinefleisch serviert, oft als Schnitzel *(smažený řízek)*. Wagemutige bestellen sich ein Schweinsknie *(koleno)* mit süßem Senf oder schwarzem Rettich. Einen Versuch wert ist auch panierter Käse *(smažený sýr)*.

Wir empfehlen Ihnen, nur einen Gang zu nehmen, da die Portionen reichlich bemessen sind. Schweinebraten wird oft mit Kohl und Knödeln *(knedlíky)* bzw. Klößen serviert. Panierter Karpfen *(kapr)* ist ein traditionelles Weihnachtsessen, schmeckt aber das ganze Jahr über köstlich.

Die Auswahl an Süßspeisen ist riesig, und man kann *zákusky* (Rahmkuchen), *palačinky* (Pfannkuchen mit verschiedenen Füllungen) oder Strudel nur schwer widerstehen...

Wir wünschen Ihnen *Dobrou chut'* (»Guten Appetit«)!

das **Jan-Hus-Denkmal**: Es erinnert an den Priester, der im 14. Jh. den weltlichen Kirchenbesitz anprangerte und als Ketzer zum Tod verurteilt wurde.

Besonders sehenswert sind die Fassade des **Štorch-Hauses** (Nr. 16, 19. Jh.) mit einem Fresko des hl. Wenzel als stolzer Reiter, das **Haus Zum Kleinen Steinernen Schaf** (Nr. 17) mit seinem Portal aus dem 16. Jh. und das **Haus Zum Steinernen Tisch** (14. Jh.).

Das **Palais Goltz-Kinsky** an der Ostseite des Platzes (nahe der Teynkirche), ein schöner Rokokobau, wurde im 18. Jh. vom italienischen Architekten Anselmo Lurago gebaut. Das **Haus Zur Steinernen Glocke** aus dem 14. Jh. daneben ist ein Kleinod gotischer Baukunst mit naiven Wandmalereien im Innern.

Von der Südseite des Platzes führt die **Eisengasse** (Železná) in südöstlicher Richtung zu zwei als Nationalgebäude verehrten Bauten, als erstes zum **Karolinum**, der 1348 von Karl IV. gegründeten Universität, wo Jan Hus als Rektor wirkte. Nach seinem Tod wurde das Collegium Carolinum zum Zentrum der revolutionären Hussitenbewegung, bis es an die Jesuiten fiel. Der zweite Bau ist das **Ständetheater** mit klassizistischer Fassade. 1787 fand hier unter Mozarts Leitung die Uraufführung seiner Oper Don Giovanni statt.

istockphoto.com/Perkins

Schon seit 1410 zeigt die Rathausuhr den Pragern u. a. die Zeit an.

Zurück beim Altstädter Ring dürfen Sie keinesfalls das **Altstädter Rathaus** übergehen. Es wurde 1338 errichtet und passte sich während der Jahrhunderte der zunehmenden Größe Prags an. Blickfang ist die berühmte **astronomische Uhr**: Zu jeder vollen Stunde (zwischen 9 und 21 Uhr) öffnen sich ihre beiden Fenster und lassen Christus und die zwölf Apostel passieren und beim Gongschlag den Tod, der die Sterbeglocke läutet und die Sanduhr umdreht. Die Nordwestecke des Altstädter Rings beherrscht

Touristen berühren die Statue des Hl. Nepomuk auf der Karlsbrücke, im Hintergrund die Kirche des Hl. Franziskus von Assisi.

Huber/Irek

die **Kirche St. Niklas**. Ihr mit zartem Stuckwerk ausgestattetes Inneres wird von einem herrlichen Kuppelgemälde gekrönt.

Die elegante Pariser Straße (Pařížská) führt quer durch das Viertel **Josefov (Josefstadt)** bis zum Fluss. Die luxuriösen Jugendstilbauten wurden anstelle der 1892 abgerissenen Häuser des einstigen jüdischen Ghettos errichtet.

Die Maisel-, Klausen-, Pinkas- und die Spanische Synagoge bilden zusammen das 1906 gegründete **Jüdische Museum**. Die Nationalsozialisten sammelten hier jüdische Kunst und Kultgegenstände, die die Mitglieder der 153 jüdischen Gemeinden hinterlassen mussten. Zu kommunistischer Zeit fiel das Museum an den Staat; erst 1994 konnte die jüdische Gemeinde ihr Eigentum zurückerwerben. Es handelt sich um eine der größten Sammlungen synagogaler Gegenstände.

Die Eintrittskarte zum Jüdischen Museum gewährt auch Zutritt zur **Altneusynagoge** und zum beeindruckenden **Alten Judenfriedhof**. Hier stehen dicht gedrängt etwa 12000 Grabsteine, deren ältester aus dem Jahr 1439 stammt! Die Altneusynagoge östlich des Friedhofs aus dem 13. Jh. ist die älteste Europas.

Das blassrote barocke **Jüdische Rathaus** gegenüber krönt ein hölzerner Uhrturm. Darunter gibt es eine zweite Uhr mit hebräischen Ziffern – ihre Zeiger laufen in entgegengesetzter Richtung, wie auch die hebräische Schrift von rechts nach links gelesen wird.

Eine Gedenktafel und eine Büste an der Kreuzung der Straßen Kaprová und Maiselová bezeichnen das Haus, wo **Franz Kafka** 1883 geboren wurde.

Die enge, sehr belebte **Karlsgasse** verbindet den Altstädter Ring mit der Karlsbrücke. Es lohnt sich, von hier einen kurzen Abstecher in die Querstraße **Husgasse** *(Husova)* mit ihren architektonisch interessanten Bauten samt schönen Fresken zu unternehmen. Wer dem Gedränge auf der Karlsgasse entgehen möchte, fühlt sich auf dem zu ihr und der Annenstraße parallel verlaufenden winzigen **Goldenen Gässchen** *(Zlatá ulička)* wie auf einer Reise ins Mittelalter; eine Straße gleichen Namens befindet sich auf der Prager Burg.

Die **Karlsbrücke** geht auf das 14. Jh. zurück. Das eigentlich gotische Bauwerk wurde später mit barockem Schmuck versehen, der sie zum erhabenen Kunstwerk machte. Auf jeder Seite der rund 520 m langen und fast 10 m breiten Brücke erheben sich 15 Skulpturen (18. und 19. Jh.), darunter eine vom hl. Nepomuk, der 1393 an dieser Stelle auf Befehl von Wenzel IV. ertränkt wurde, weil er dem König die Beichte seiner Gemahlin nicht verraten

DIE KARLSBRÜCKE

Beim Gang über die Karlsbrücke mit ihren dreißig überlebensgroßen Statuen fühlt man sich wie in einem fantastischen Freilichtmuseum. Nehmen Sie ein Opernglas mit, um die Details der Figuren zu bewundern, und beginnen Sie am rechten Ufer von der Altstadt her.

1 **Hl. Ivo,** Beschützer der Armen und Elenden. Zu seinen Füßen nährt eine Mutter ihren Säugling, ein alter Mann und ein Kind bitten um Erbarmen. M. B. Braun (1711); Kopie 1908.

2 **Jungfrau Maria** und **hl. Bernhard** mit Cherubim. M. W. Jäckel (1709); Kopie.

3 **Hl. Barbara** (Mitte), **hl. Margarete** (links) und **hl. Elisabeth** (rechts). F. M. Brokoff (1707).

4 **Jungfrau Maria** mit **hl. Dominikus** (links) und **Thomas von Aquin** (rechts). Ein Hund symbolisiert die dominikanischen Inquisitoren (*Domini canes*, Hunde Gottes). M. W. Jäckel (1708); Kopie 1961.

5 **Pietà**. E. Max (1859).

6 **Kruzifix** (1629). Die goldene hebräische Inschrift »Heiliger, Heiliger, Heiliger Gott« musste ein wegen Blasphemie verurteilter Jude bezahlen (1696).

7 **Hl. Joseph**. E. Max (1854).

8 **Hl. Anna**. M. W. Jäckel (1707).

9 **Hl. Franz Xaver,** Begründer des Jesuitenordens, gestützt von einem Chinesen, einem Indianer und zwei Mohren. Ein dritter Mohr erwartet seine Taufe. Der Bildhauer hat sich selber als Knienden dargestellt. F. M. Brokoff (1711); Kopie 1913.

10 **Hl. Kyrill** und **hl. Method,** die zu drei Gläubigen predigen. Die beiden byzantinischen Missionare begannen 863 mit der Christianisierung von Böhmen und Mähren. K. Dvořák (1938).

11 **Hl.Christophorus.** E. Max (1857).

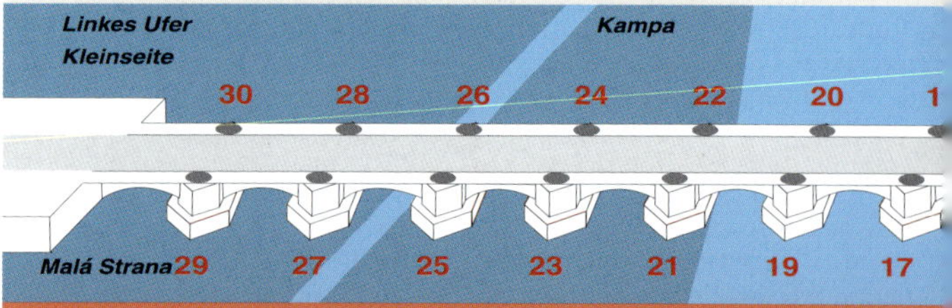

12 Johannes der Täufer mit dem goldenen Kreuz. J. Max (1857).

13 Hl. Franz von Borgia. F. M. Brokoff (1710); restauriert 1937.

14 Hl. Norbert mit **hl. Wenzel** (links) und **hl. Sigismund** (rechts). J. Max (1853).

15 Hl. Ludmilla. Werkstatt von M. B. Braun (um 1720).

16 Hl. Johannes von Nepomuk mit Glorie aus fünf goldenen Sternen und einem Kruzifix. Die älteste Statue der Brücke ist bei Passanten sehr beliebt; das Berühren der Bronzeplatten soll Glück bringen. Da sich der 1729 heiliggesprochene Beichtvater der Königin weigerte, deren Beichte König Wenzel IV. (1378–1419) zu verraten, wurde er gefoltert und in die Moldau geworfen. J. Brokoff, M. Rauchmüller (1683).

17 Hl. Franz von Assisi (Seraph) mit zwei Engeln. E. Max (1855).

18 Hl. Antonius von Padua. J. O. Mayer (1707).

19 Hl. Vinzenz Ferrer und **hl. Prokop.** F. M. Brokoff (1712). Unterhalb der Gruppe sieht man eine Statue des Sagenhelden Brunswick mit seinem goldenen Schwert (1884).

20 Hl. Judas Thaddäus. J. O. Mayer (1708).

21 Hl. Nikolaus Tolentinus. J. F. Kohl (1708); Kopie 1969.

22 Hl. Augustinus mit Mitra und goldenem Bischofsstab. J. F. Kohl (1708); Kopie 1974.

23 Hl. Luitgard. Die blinde Zisterzienserin kniet vor dem Gekreuzigten. M. B. Braun (1710).

24 Hl. Kajetan. F. M. Brokoff (1709).

25 Hl. Adalbert, Bischof von Prag. F. M. Brokoff (1709).

26 Hl. Philipp Benitius. M. B. Mandl (1714).

27 Hl. Johannes von Matha, hl. Felix von Valois und **hl. Iwan** mit der Figur eines Türken und gefangenen Christen, welche die drei Heiligen freikauften. F. M. Brokoff (1714).

28 Hl. Veit. F. M. Brokoff (1714).

29 Hl. Wenzel. J. K. Böhm (1858).

30 Christus, hl. Kosmas (links) und **hl. Damian** (rechts). J. O. Mayer (1709).

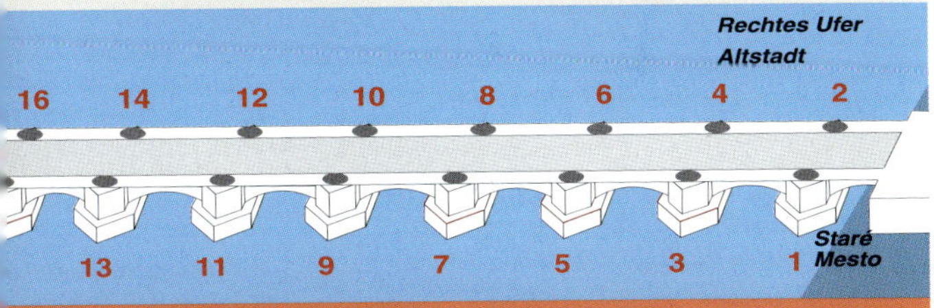

wollte. Das historische Denkmal ist seit 1965 ausschließlich Fußgängern vorbehalten, ein lebendiger, nachts von historischen Gaslaternen beleuchteter Treffpunkt.

Kleinseite

Die Straßenführung der Kleinseite stammt aus der Mitte des 13. Jh. Die meisten früheren Bauten wurden von Bränden zerstört und allmählich durch Renaissance- und Barockhäuser ersetzt. Über dem westlichen Ende der Karlsbrücke wachen zwei **Brückentürme** (der niedrigere aus dem 12. Jh., der höhere aus dem 15. Jh.).

Das gemütliche Ausgehviertel auf dem Inselgelände unter dem Westteil der Brücke ist als **Kampa** bekannt. Dahinter beginnt die **Brückengasse** (Mostecká), gesäumt von Geschäften und Barockbauten. Links führt die Badgasse (Lázeňská) zur **Kirche St. Maria unter der Kette**, einer romanischen Basilika, die dem Malteserorden gehört. Kontrast dazu ist die bunt bemalte **John-Lennon-Mauer** am nahen Velkopřevorské náměstí.

In der **Kirche St. Maria vom Siege** *(Marie Vítězné)* in der Karmelitergasse ist das berühmte »Prager Jesuskind« (eine kleine Wachsfigur mit einer Krone aus Edelsteinen) ausgestellt. An derselben Gasse steht die Barockkirche der hl. Maria Magdalena, die heute das **Tschechische Musikmuseum** beherbergt.

Die Qual der Wahl ... Bier ist das tschechische Nationalgetränk. Bereits Chroniken aus dem 9. Jh. erwähnen den Hopfenanbau in Böhmen. Es war eine ernste Angelegenheit, gewährte doch der König selbst das Recht zum Bierbrauen. Im 16. Jh. wurde das Bier mit Muskatnuss, Lorbeer und Wacholder gewürzt.

Angesichts der vielen Sorten steht man vor der Qual der Wahl. Versuchen Sie helles *Staropramen* oder *Gambrinus*, die beide für ihren bitteren Geschmack geschätzt werden. Milder und leicht süßlich ist *Budweiser* (Budvar) aus Südböhmen. Am berühmtesten ist das *Pilsner*.

Seinen unvergleichlichen Geschmack verdankt das tschechische Bier der Qualität des in Nordböhmen angebauten Hopfens, dem weichen Brauwasser und dem Malz. Ein Lagerbier heißt *světlé pivo*, ein Dunkelbier *černé pivo*.

fotolia.com/Alanfalcony

Über die Kleinseite wacht die mächtige **Barockkirche St. Niklas**. Der wunderbare Bau mit einem Deckengemälde über das Leben des hl. Nikolaus ist ein Meisterwerk der Architekten Christoph Dientzenhofer und Sohn. Die **Pestsäule** vor der Kirche gedenkt einer Epidemie von 1715. Ebenfalls bemerkenswert ist auf der Ostseite des Malostranské náměstí das **alte Rathaus** aus dem 15. Jh., das man im 17. Jh. im Renaissance-Stil renovierte.

Vom Nordosten des Platzes führt die Letenská zum fantastischen **Waldsteingarten**, einer Anlage aus dem 17. Jh. im Stil des italienischen Barocks. Das **Palais Waldstein** ist einer der prunkvollsten Barockbauten Prags – ein Auftrag des berühmten Feldherrn Wallenstein; als Sitz des Tschechischen Senats sind die Palasträume nur beschränkt zugänglich.

Am nahen Ufer der Moldau zeigt das **Franz-Kafka-Museum** im Gebäudekomplex der Hergetova cihelna (früher eine Ziegelei) eine moderne Ausstellung über den Schriftsteller.

Wer will, kann den Aufstieg zum Hradschin beim ruhigen **Ledebur- und Pálffy-Garten** beginnen, den üblichen Weg zum Schloss bildet aber die steile **Nerudova**, die ihren Anfang am Kleinseitner Ring nimmt. Sie trägt den Namen des tschechischen Schriftstellers **Jan Neruda**, der in den Häusern **Zu den Zwei Sonnen** (Nr. 47) und **Zu den Drei Schwarzen Adlern** (Nr. 44) lebte. Einige der Wohnhäuser haben reich verzierte Fassaden, wie z. B. das **Haus Die Drei Geigen** (Nr. 12) oder **Das Rote Schaf** (Nr. 11).

Hradschin

Noch vor den Toren der Burg zieht ein hoher Kirchturm die Aufmerksamkeit auf sich. Er gehört zu einem der beeindruckendsten Barockbauwerke der Stadt, dem **Loreto-Heiligtum** (17. Jh.). Seine kunstvolle Fassade (18. Jh.) ist Vater und Sohn Dientzenhofer zu verdanken. In der Mitte des Kreuzgangs steht die »Santa Casa«, eine Nachbildung des Hauses, wo die hl. Maria geboren sein soll und das der Legende nach Engel nach Loreto gebracht haben. Im oberen Stock des Kreuzgangs befindet sich die Schatzkammer der Loreta mit liturgischen Gegenständen wie Kerzenhaltern oder Monstranzen (16.–18. Jh.).

Die 1717–1735 ebenfalls von Christoph Dientzenhofer errichtete **Christi-Geburt-Kirche**, ein Teil des Loretoheiligtums, besticht durch ihren harmonischen Innenraum mit einem schönen Deckengemälde. Das **Palais Czernin** auf der anderen Seite des Loreto-Platzes besitzt eine gewaltige Barockfassade. Das Gebäude datiert aus dem 17. Jh. und dient heute als Außenministerium.

Am lang gezogenen Hradschiner Platz erinnert eine **Pestsäule** an eine schreckliche Epidemie im Jahr 1679. Große Paläste umgeben den Platz; durch einen Gang (Haus Nr. 15) gelangen Sie in die **Nationalgalerie** im Sternbergpalais. Hier sind verschiedene Werke der spanischen, italienischen, deutschen und der niederländischen Schulen vertreten.

Kavárna und Pivnica. Die Cafés *(kavárna)*, in denen sich um 1900 die Prager Intellektuellen trafen, sind fast alle verschwunden, außer dem legendären Café Slavia (gegenüber dem Nationaltheater), das unlängst restauriert wurde. Bewundern Sie auch die herrliche Decke im Café Savoy, das 1877 gegründet wurde.

Wer gerne Bier trinkt, kommt in den Prager Bierlokalen *(pivnice)* ganz auf seine Kosten. Setzen Sie sich in eine dieser verrauchten Bierstuben, und sehen Sie den Kellnern zu, die sehr geschickt mit den vollen Krügen »jonglieren«. Wenn Sie einfach *pivo* bestellen, bringt man Ihnen gleich einen halben Liter. Wem das zu viel ist, der nimmt ein *malé pivo*, was 3 dl entspricht. Die Qualität des Biers prüft man übrigens in Prag mit einer 1-Krone-Münze: Diese muss sich wenigstens zehn Sekunden auf dem Bierschaum halten können...

Das **Palais Schwarzenberg** gegenüber auf der Südeite des Platzes ist mit seiner augenfälligen Sgraffito-Fassade ein Meisterwerk der Renaissance (16. Jh.). Seit 2008 ist hier eine Sammlung barocker Kunst Böhmens zu sehen.

Die **Prager Burg** auf dem Bergsporn östlich des Platzes galt bereits seit dem 9. Jh. als eigenständige Stadt. Die Gebäude des **ersten Hofs** (1760) wurden von Niccolo Pacassi entworfen. Ein farbenprächtiges Schauspiel ist die **Wachablösung** (zwischen 5 und 23 Uhr zu jeder vollen Stunde vor dem Burgeingang, um 12 Uhr mit Fanfare und Bannerwechsel).

Das **Matthiastor**, ein barocker Triumphbogen, führt in den **zweiten Burghof**, der größer und älter ist als der erste. Die Anlage geht auf das 16. Jh. zurück, aber die Gebäude wurden im 18. Jh. von Pacassi unter der Kaiserin Maria Theresia umgestaltet. Das Zentrum bildet ein Barockbrunnen aus Sandstein. Die **Heiligkreuzkapelle** (18. Jh.) rechter Hand beherbergt heute den Kirchenschatz der Kathedrale.

Links befindet sich in den früheren Marställen Ferdinands I. und Rudolfs II. die **Burggalerie**. Die außergewöhnliche, von den Herrschern angelegte Gemäldesammlung aus Renaissance und Barock enthält großartige Werke von so bedeutenden Künstlern wie z. B. Tizian oder Rubens.

Im Durchgang zum **dritten Burghof** führt eine Treppe hoch zu den Amtsräumen des Staatspräsidenten. Im Hof selber erhebt sich die glanzvollste Sehenswürdigkeit der Burg – der imposante **Veitsdom**. Die Arbeiten am heutigen Dom begannen unter Karl IV., der den französischen Architekten Matthias d'Arras im Jahr 1344 damit beauftragte. Dann arbeitete der Deutsche Peter Parler weiter, doch war das mächtige Gebäude erst 1929 vollendet! Über der **Goldenen Pforte**, einem Werk von Parler, befindet sich ein Mosaik des Jüngsten Gerichts (14. Jh.), flankiert von Skulpturen Karls IV. und Elisabeths von Pommern, dessen Frau. Links neben dem Eingang ist in einer Seitenkapelle ein großes **Jugendstil-Glasfenster** von Alfons Mucha zu sehen, das die Legende des hl. Methodius illustriert. Weiter vorne folgt rechts die **Wenzelskapelle**, ein gotisches Meisterwerk, das Peter Parler an der Stelle errichtete, wo der hl. Wenzel, Böhmens Schutzpatron, in einer romanischen Rotunde beigesetzt war. Die prächtigen Wände der Kapelle zieren über 1300 böhmische Schmucksteine, und Wandgemälde aus dem 16. Jh. erzählen die Legende des Heiligen.

Eine Treppe führt zu der mit sieben Schlüsseln verschlossenen **Kronkammer**, wo die böhmischen Kroninsignien verwahrt werden.

hemis.fr/Renault

Prächtig leuchten die Farben des Fensters von Mucha im Veitsdom.

Ins Auge springt im Dom auch das extravagante **Grabmal des hl. Nepomuk** (18. Jh.), für das nicht weniger als 2 t Silber verwendet wurden! Gegenüber dem neugotischen Hochaltar sind in einem großen **Marmorsarkophag** Kaiser Ferdinand I., seine Frau Anna Jagiello und ihr gemeinsamer Sohn Maximilian II. beigesetzt. Eine Treppe führt auf den **Glockenturm**, von wo man eine herrliche Sicht auf Prag genießt.

Aus dem Mittelalter stammt der **Alte Königspalast**, das säkulare Pendant zum Veitsdom, der bis

istockphoto.com/Nikada

istockphoto.com/Clifford

Ende des 16. Jh. als Residenz der böhmischen Könige diente. Der 62 m lange **Vladislav-Saal** (15. Jh.) im ersten Stock ist der größte je gebaute Rittersaal der Spätgotik. Die früheren Ritterturniere wurden von den Präsidentschaftswahlen »abgelöst«, die nun hier stattfinden.

Rechts davon folgt der **Ludwigspalast**, benannt nach dem Sohn Vladislavs, und linker Hand befindet sich der **Landtagssaal**, wo früher das Landgericht und die Ständetage abgehalten wurden und heutzutage der Präsident vereidigt wird.

Hinter dem Dom erhebt sich die barocke **Georgsbasilika** aus dem 10. Jh., deren Türme und Inneres allerdings romanisch sind. Sie ist die älteste erhaltene Kirche des Hradschins. Ein Kleinod sind die Reste der selten schönen Deckengemälde aus dem 12. Jh.

An die Basilika grenzt das 1973 gegründete **Georgskloster**, das älteste Böhmens. Es war von 1964 bis 1974 eine Abteilung der Nationalgalerie, ist aber seither geschlossen; diese Ausstellung zur Kunst Böhmens ist nun im Palais Schwarzenberg (s. S. 28).

Ein Besuch in der Bibliothek des Klosters Strahov lohnt sich auch, wenn man gerade kein Buch ausleihen will. | Von den Anhöhen der Kleinseite genießt man einen guten Blick auf die Altstadt.

Folgen Sie vom Georgsplatz aus östlich der Georgsgasse (Jiřiská) und biegen Sie links in das berühmte **Goldene Gässchen** (Zlatá ulička) ein, eine schmale lange Straße mit vielen farbigen, in die Stadtmauer eingelassenen Häusern (16. Jh.). Die Legende besagt, dass hier die Alchmisten Rudolfs II. versucht hätten, Gold herzustellen. In Wirklichkeit lebten hier zuerst die Burgschützen Rudolfs II., später Handwerker und arme Leute.

Franz Kafka schrieb im Haus Nr. 22, wo seine Schwester wohnte, an mehreren Erzählungen. Der **Daliborka-Turm** und der **Weiße Turm** zu beiden Seiten der Gasse waren Teil der Burgmauern und dienten auch als Gefängnis. Im Gebäude der ehemaligen Burggrafschaft befindet sich das lohnende **Spielzeugmuseum** mit Spielsachen aller Zeiten und Länder. Gegenüber lädt das stimmungsvolle **Lobkowicz Palace Café** zu einer Pause ein. Von der Terrasse hat man einen wunderbaren Blick über die Wallgärten und die Dächer der Stadt.

Südwestlich des Hradschins, versteckt hinter hohen Bäumen, thront das imposante **Kloster Strahov** auf einem Hügel. Es wurde 1143 auf Anordnung des Prämonstratenserordens erbaut und diente 1953–92 als »Gedenkstätte für nationale Literatur«. Es ist vor allem für seine großartige Bibliothek (12. Jh.) berühmt, die 130 000 Bände ihr Eigen nennt, darunter etwa 5000 Handschriften und 2500 Inkunabeln.

Außerhalb des Stadtzentrums

Südlich des Hradschin erhebt sich der **Petřín-Hügel** mit seinem 60 m hohen, dem Eiffelturm nachempfundenen **Aussichtsturm**, zu dem 299 Stufen und ein Lift hinaufführen. Südlich der Insel Kampa führt eine Standseilbahn in die Nähe des Turms.

Auf dem **Hügel Vyšehrad** südlich des Zentrums finden sich oberhalb des rechten Moldauufers Prags frühe Spuren. Die **Burg** auf dem Hügel diente mittelalterlichen Herrschern seit dem 11. Jh. zeitweilig als Festung und wird heute von der **Kirche St. Peter und Paul** dominiert. Auf dem **Vyšehrader Friedhof** fanden Berühmtheiten wie Friedrich Smetana oder Anton Dvořák ihre letzte Ruhe.

10 km südöstlich von Prag wurde der **Schlosspark von Průhonice** 2010 als UNESCO-Weltkulturerbe anerkannt: Auf 250 ha erstreckt sich ein ungemein vielseitiger Englischer Landschaftspark mit 40 km Wegenetz; das **Neorenaissance-Schloss** ging aus einer mittelalterlichen Burg hervor.

Wer nördlich des Zentrums den **Zoo** oder den **Botanischen Garten** besucht, wird auch das attraktive **Barockschloss Troja** nicht auslassen, von wo man einen schönen Ausblick auf die Altstadt genießt.

ELBE UND MOLDAU

Eng verknüpft sind Elbe und Moldau – tschechisch Labe und Vltava – in ihrem Ursprungsland: Beide entspringen in Tschechien, die Labe im Riesengebirge auf 1386 m, die Vltava im Böhmerwald auf 1174 m Höhe. Beim Ort **Mělník** treffen sie zusammen: Die Elbe ist bis hier seit ihrer Quelle rund 250 km, die Moldau bereits 430 km herabgeflossen. Die Moldau führt dem gemeinsamen Wasserlauf mehr Wasser zu als die schmächtigere Elbe – und doch heißt, entgegen den gängigen Normen der Namensgebung bei Flüssen, dieser in Mělník entstehende Fluss »Labe«.

Die Flusskilometer-Zählung erfolgt in Tschechien für beide Flüsse von der Mündung der Moldau in die Elbe (km 0) aufwärts bis zur Quelle. Mělník weist somit kurioserweise einen dreifachen Nullpunkt in der Kilometrierung auf: Wo Moldau und Elbe zusammentreffen, ist für beide Flüsse der Nullpunkt, die Zählung führt zur Quelle. Zudem zählt man bei der Elbe stromabwärts erneut ab Null – bis zum Kilometer 109 an der tschechisch-deutschen Grenze am rechten Ufer. Auf den letzten drei Kilometern dieser Zählung (km 106–109) bildet die Elbe die Staatsgrenze zwischen Tschechien und Deutschland. Die Deutschen zählen ab Null am linken Ufer auf der Höhe des tschechischen km 106 und dann weiter bis zur Elbe-Mündung in die Nordsee bei km 728.

Noch verwirrender ist, dass Tschechien kürzlich eine neue Kilometrierung für die Elbe eingeführt hat, die den gesamten Fluss von der Mündung in die Nordsee her zählt. Daher beginnt nun – aber nur in Tschechien – die Zählung in Mělník bei km 837 und läuft bis zur rechtselbischen Landesgrenze bis 727. In Deutschland wurde diese Zählung noch nicht eingeführt.

Schiffbar ist die Elbe schon ca. 130 km flussaufwärts von Mělník, die Moldau rund 65 km, d. h. bereits südlich von Prag. Somit ist Tschechiens Hauptstadt über Moldau und Elbe mit dem Meer verbunden. Die Tschechen erhielten in den Versailler Verträgen 1919 ein Hoheitsgebiet im Hamburger Freihafen auf 99 Jahre zur Pacht (Moldauhafen).

Von Prag bis zur deutschen Grenze weisen Moldau und Elbe je sechs Schleusen auf. Auf deutschem Gebiet hat die Elbe nur eine einzige Schleuse (bei Geesthacht, km 586).

Stromabwärts ab Prag auf Vltava und Labe

Der beschauliche Ort **Roztoky** (km 38) ist für manche Prager ein Wochenend-Ausflugsziel. Im Mittelalter war die Burg am linken Moldauufer von strategischer Bedeutung, ab 1600 baute man sie zu einem Schloss um. In dem Komplex sind seit 1961 die sehr umfangreichen Sammlungen zur Volks- und Landeskunde des Mittelböhmischen Museums untergebracht.

Das reich ausgestattete **Schloss Nelahozeves** (Mühlhausen, km 20) links der Moldau gehört heute wieder der Familie Lobkowitz, die das Renaissanceschloss schon 1623 erwarb; es gibt Führungen. Nicht weit davon steht das **Geburtshaus von Antonín Leopold Dvořák**, der hier 1841 als Sohn des Metzgers geboren wurde.

Nur wenige Kilometer flussabwärts von der Schleuse Mifiejovice, liegt oberhalb des rechten Ufers die riesige Anlage des ab 1716 erbauten **Schlosses Veltrusy**; das Rokokointerieur harrt seiner Renovierung, aber allein schon der umfangreiche Park mit seinen Pavillons ist einen Besuch wert.

An **Mělník** fließt die Elbe in geradem Lauf vorbei, während die Moldau zusammen mit einem Schifffahrtskanal von links einmündet (km 0). Gegenüber am rechten Elbufer erhebt sich eindrucksvoll der Schlossberg, den schon Slawen im 9. Jh. bewohnten. Aus der steinernen mittelalterlichen Burg der Přemysliden wurde in der Renaissance ein Schloss. Nach Zerstörungen im Dreißigjährigen Krieg wurden Schloss und Kapelle barock restauriert. Durch Heirat fiel die Anlage an die Familie Lobkowitz, die es nun wieder besitzt; einige der kostbaren Räumlichkeiten sind zu besichtigen.

Mělník ist das Zentrum des böhmischen Weinbaus. Fährt man die Elbe abwärts, drängt sich bald stellenweise der Vergleich mit dem Rhein auf – Schlösser und Weingärten sind hier ein gewohntes Bild.

Nahe dem Ufer des Baches, der in **Liběchov** (km 8) von rechts in die Elbe mündet, steht das einstige mittelalterliche Wasserschloss, aus dem im 18. Jh. ein Barockbau entstand. Nach dem verheerenden Hochwasser von 2002 privatisierte das Nationalmuseum Schloss Liběchov in der Hoffnung auf Investitionen zur Renovierung des Bauwerks.

Das große Kraftwerk am linken Ufer und der kleine Ort **Štěti** rechts mit seiner großen Papierfabrik geben ein Beispiel für den wirtschaftlichen Wert des Elbtals, das auch eine hervorragende Verkehrsachse darstellt.

In **Roudnice** (km 26) hatten im Mittelalter die Prager Bischöfe ihre Residenz. Das prächtige Barockschloss und Weingut der Familie Lobkowitz sind zu besichtigen.

Rund 20 km flussabwärts mündet von links die **Eger** *(Ohře)* gegenüber dem schmucken Städtchen **Litoměřice** (Leitmeritz) in die Elbe. Die Landschaft mit ihren fruchtbaren Böden und dem milden Klima hat das Städtchen seit dem 13. Jh. reich gemacht, auch heute ist hier ein Zentrum der Wein- und Obstkulturen. Von den vielen Kirchen der denkmalgeschützten Stadt, darunter mehrere Klosterkirchen, sticht der St. Stephansdom mit frei stehendem Turm auf dem Domberg hervor. Ein wertvolles architektonisches Ensemble bildet der große Stadtplatz mit Rathaus, Kirchen und Handelshäusern.

Noch rasch, bevor die Elbe der **Porta Bohemica** zustrebt, dem engen, 50 km langen Durchbruchstal durch den Naturpark Böhmisches Mittelgebirge, breiten sich in **Lovosice** zahlreiche Fabriken der Lebensmittel- und chemischen Industrie aus.

Doch beim Blick von den nahen **Vulkanhügeln Lovoš** und **Kybička** erkennt man die Schönheit der Landschaft mit ihren ebenmäßigen, längst erloschenen Feuerbergen. In die Geschichte eingegangen ist der Ort durch die »Schlacht bei Lobositz« von 1756 – die erste im Siebenjährigen Krieg.

Nun windet sich die Elbe durch die waldreiche Mittelgebirgslandschaft. Bahn und Straßen begleiten den Fluss durch das enge Tal.

Dramatisch erhebt sich beim Wehr von **Střekov** (km 69) die Burg Schreckenstein *(Střekov)* 100 m über dem rechten Felsenufer. Die 1316 errichtete Wachtburg mit ihrem runden »Hungerturm« an der Spitze kann es leicht mit ihren Schwestern am Rhein aufnehmen. Auch hier ist Familie Lobkowitz Eigentümerin; bei der Besichtigung wandelt der Gast auf den Spuren Johann Wolfgang Goethes, Richard Wagners oder Karl Mays, die sich alle hier haben inspirieren lassen.

Von oben auf der Burg schaut man weit übers Land und auf den nächsten Ort **Ústí** (Außig) am linken Elbufer. Dort dominiert Industrie, aber er stellt einen guten Ausgangspunkt für Ausflügler in die Berglandschaft dar. Wer Zeit hat, sollte zur **Ferdinandshöhe** (208 m) am linken Elbufer hinaufsteigen, um den grandiosen Ausblick zu genießen.

Als letztes Städtchen in Tschechien taucht das malerische, beidseits des Flusses angelegte **Děčín** (Tetschen, km 96) auf. Es wird hoch oben am rechten Ufer von einem Barockschloss überragt, das einst den Fürsten Thun-Hohenstein gehörte. In der Altstadt rechts der Elbe gibt es Renaissance- und Barockhäuser; die Kreuzkirche (1691) südlich des Marktplatzes birgt im Inneren schöne Wandgemälde.

Elbsandsteingebirge und Dresdner Elbtal

Das Tal des Flusses bleibt eng, doch anstelle der Vulkanlandschaft des Böhmischen Mittelgebirges durchfließt er bald die Sandsteinfelsen der Böhmischen und dann der Sächsischen Schweiz. Bei km 106 ist am linken Ufer die deutsche Grenze erreicht, bei km 109 auch auf dem rechten, auf den folgenden 725 Kilometern heißt die Labe »Elbe«.

Einer der schönsten Abschnitte der Flussreise ist die eindrucksvolle, wild zerklüftete Erosionslandschaft des **Elbsandsteingebirges**, dessen skurrile Felsnadeln schon seit jeher die Fantasie anregten; Karl May, der aus dieser Region stammte, stellte sich so das Land der Indianer vor, das er gar nie gesehen hatte.

Romantische Wanderwege führen durch den **Nationalpark Sächsische Schweiz** rechts des Flusses, besonders beliebt ist der sogenannte Malerweg, wo heutige Bergfreunde auf den Spuren von Caspar David Friedrich und vielen anderen Berühmtheiten wandeln.

Bad Schandau (km 10) ist der älteste und bedeutendste Ferienort der Sächsischen Schweiz. Seit man hier im Jahr 1730 eine Quelle mit eisenhaltigem Wasser entdeckte, wurde er zum Kurort. Ein Museum orientiert die Besucher über die geologischen Besonderheiten des Elbsandsteingebirges und zu-

Huber/Krammisch

Die Sächsische Schweiz. Wegen der vielfältigen Landschaftsformen – Felsen, Flüsse, Täler, Schluchten, Ebenen – auf kleinem Raum wird der deutsche Teil des sich bis nach Böhmen erstreckenden Elbsandsteingebirges »Sächsische Schweiz« genannt. Möglicherweise haben zwei Schweizer Maler zur Namensgebung beigetragen: Anton Graff und Adrian Zingg, die im 18. Jh. an der Dresdner Kunstakademie lehrten, sollen durch das Gebirge an ihre Heimat erinnert worden sein.

Die Sächsische Schweiz ist das bedeutendste Freizeit- und Erholungsgebiet im östlichen Deutschland mit einem umfangreichen Netz an Wanderwegen, die zu Naturschönheiten und Sehenswürdigkeiten führen. Gegen 1000 frei stehende Felsen machen sie zudem zu einem Paradies für Bergsteiger. Die gesamte 370 km^2 große Region ist als Landschaftsschutzgebiet definiert, ein Viertel davon unterliegt als Nationalpark strengsten Bestimmungen.

dem über die Entwicklung der Elbschifffahrt.

Am linken Ufer entzückt die mächtige Festung **Königstein** (km 17; um 1200 erbaut, mit dem Fahrstuhl erreichbar). Sie wurde in ihrer Geschichte nie bezwungen, sieht man vom Husarenstück eines Kaminfegers ab, der sie 1848 erkletterte. Hier überdauerten die Dresdner Kunstsammlungen, unter anderem die wertvollen Skulpturen, Gefäße und Schmuckstücke aus der Dresdner kurfürstlichen Schatzkammer Grünes Gewölbe, den Zweiten Weltkrieg. Am rechten Ufer (km 23) verlockt die natürliche Felsenburg **Bastei** zu einem Landgang.

Eine weitere geschichtsträchtige Burg 15 km nördlich des Elbtals ist **Stolpen**, in der August der Starke seine Mätresse, die Gräfin Cosel, gefangen hielt.

Als Tor zum Durchbruchstal der Elbe durch das Elbsandsteingebirge hatte die malerische Mittelalterstadt **Pirna** (km 35) seit Langem strategische Bedeutung und sah im Laufe der Geschichte wechselnd böhmische und sächsische Oberherren. Schloss Sonnenstein hoch über der Stadt war eine mittelalterliche Höhenburg, die im 17. Jh. zur barocken Festung wurde. Im 20. Jh. als Krankenhaus und Fabrik benutzt, befindet sich hier jetzt das Landratsamt.

Wo sich am linken Elbufer Industrieanlagen entlangziehen (bei km 38), liegt im Hinterland der zauberhafte **Barockgarten Großsedlitz**, den August der Starke in Auftrag gab. Obwohl unvollendet, ist dies bis heute eine grandiose barocke Parkanlage.

Auch das **Schloss Pillnitz** mit seiner herrlichen Wassertreppe am rechten Ufer erhielt durch den luxusverwöhnten Kurfürsten August seinen Schliff: Er ließ Schloss und Park von Matthäus Daniel Pöppelmann zu einer imposanten Anlage ausbauen.

Die Stahlbrücke **Blaues Wunder** überquert die Elbe ohne einen Stützpfeiler im Wasser (km 50), eine technische Meisterleistung von 1893. Bald darauf reihen sich am rechten Uferhang malerisch zwischen Weinreben die **Schlösser Eckberg**, **Lingner** und **Albrechtsberg** – eigentlich Großvillen vermögender Dresdner –, die im Laufe des 19. und 20. Jh. ihre heutige Gestalt erhielten.

Das sonnenverwöhnte **Dresdner Elbtal** mit seinen weinbepflanzten Uferhängen und Villen ist eine Augenweide; es stand zusammen mit der Altstadt von Dresden 2004–2009 auf der UNESCO-Liste des Welterbes. Der Wunsch der heutigen Dresdner nach einer autogerechten Verbindung von Nord- und Südufer durch den Bau der modernen **Waldschlösschenbrücke** (km 53) führte aber schließlich zur Aberkennung des prestigeträchtigen Welterbetitels.

DIE SÄCHSISCHE WEINSTRASSE

Mit den Klöstern, die sich im 12. Jh. in der östlichen Mark Sachsen ansiedelten, kam auch der Weinbau in das liebliche Elbtal. Die sonnenverwöhnten Steillagen entlang der Elbe, wofür so mancher Granithang mühsam terrassiert werden musste, haben sich als die besten Standorte erwiesen. Die östlichste Weinbauregion Deutschlands ist mit 450 ha gleichzeitig die kleinste: Nur 0,3 % des deutschen Weins wird hier produziert, überwiegend Weißweine. Angebaut werden häufig Riesling, Müller-Thurgau, Weiß- und Grauburgunder.

Während der DDR-Zeit lag der Weinbau in der Hand von Staatsbetrieben. Heute ist nur noch Schloss Wackerbarth **Sächsisches Staatsweingut** und besitzt 104 ha Rebland. Der von Landbaumeister Johann Christoph Knöffel 1727 bei Radebeul erbaute barocke Alterssitz des Reichsgrafen Wackerbarth ist mit Schloss und Barockgarten eine verführerische Kulisse für Wein- und Sektproben. Doch dies ist nur eine von überaus zahlreichen historischen, aber teils auch erst vor Kurzem entstandenen Stationen der 60 km langen **Sächsischen Weinstraße** zwischen Pirna im Osten und Diesbar-Seußlitz im Westen. Noch intensiver erlebt man gut 800 Jahre Weinkultur zu Fuß: auf dem 90 km langen **Sächsischen Weinwanderweg**, der zu vielen kleinen, oft liebevoll im Nebenerwerb betriebenen Weingütern, Straußwirtschaften und Gaststätten führt.

Huber/Mehlig

Der prachtvolle Zwinger ist nur einer der Höhepunkte Ihrer Besichtigung Dresdens.

Huber/Kolley

Von Dresden bis Hamburg

Zwar fließt die Elbe von Dresden nach Hamburg hauptsächlich durch weitläufige und größtenteils geschützte Naturräume, doch haben sich in dieser Gegend auch allerlei historische Ereignisse von größerer Tragweite abgespielt. Stichworte sind nebst Martin Luthers Reformation auch der Beginn der europäischen Porzellanproduktion und die Deutsche Hanse. Zudem erschließen von diesem Abschnitt des Stromes aus viele Wasserwege ein riesiges Gebiet.

Dresden

Handelsstadt, Kurfürstliche Residenz und Industriestandort: Dresden (km 56) zu beiden Seiten der Elbe vereinte im Laufe der Geschichte all diese Vorteile für ein gutes Gedeihen. Zudem liegt die Stadt in einem klimatisch besonders begünstigten Becken des Elbtals, dessen Grenzen im Norden der Steilhang der Lausitzer Granitplatte, im Osten das Elbsandsteingebirge und im Süden die Ausläufer des einst silberreichen Erzgebirges setzen.

Im 15. Jh. wurde Dresden Residenz der sächsischen Herzöge – dies drückte der Stadt ihren Stempel auf. Am nachhaltigsten trugen mit ihrem Kunstsinn, Repräsentationsbedürfnis und unternehmerischem Geist August der Starke (Friedrich August I., reg. 1697–1733) und sein Sohn Friedrich August II. (1733–1763) dazu bei, Dresden zur Hochburg europäischer Kultur zu gestalten. Weltberühmt wurde das »Elbflorenz«, wie man Dresden auch nennt, für seine umfangreichen Kunstsammlungen, wie etwa die Gemäldegalerie, das Grüne Gewölbe und das Kupferstichkabinett.

Die Förderung von Kunst und Wissenschaft zog viele berühmte Persönlichkeiten nach Dresden: Hier wirkten unter vielen anderen Caspar David Friedrich, Richard Wagner und Arthur Schopenhauer. Ab dem 19. Jh. entwickelte sich die Residenzstadt zu einem Standort meist hochspezialisierter gewerblicher Produktion wie der Zigaretten-, Foto-, Kino- und Maschinenindustrie oder auch der optischen, feinmechanischen und chemischen Industrie. Auch die Schiffswerft in Dresden-Übigau war ein nicht unbedeutender Wirtschaftsfaktor.

Doch Dresdens Geschichte ist auch von Zerstörung geprägt. 1685 wütete ein Großfeuer, 70 Jahre später wurden Baudenkmäler und Kunstschätze im Siebenjährigen Krieg verwüstet. Noch nicht verheilt sind die tiefen Wunden des verheerenden Bombenangriffs durch die Alliierten vom Februar 1945. Bereits Anfang der 1950er-Jahre begannen die Dresdner mit dem aufwendigen und teuren Wiederaufbau. 2001 wurde die neue Synagoge an der Stelle des alten, von Gottfried Semper entworfenen Gebäudes fertiggestellt. Die barocke Frauenkirche am Neumarkt konnte nach fast zwölfjährigem Wiederaufbau im Oktober 2005 feierlich geweiht werden. Und das Residenzschloss beherbergt nach gründlicher Restaurierung heute wieder bedeutende Kunstsammlungen. Dresden ist eine Stadt, die nie aufgibt.

Altstadt

Der folgende Stadtrundgang beginnt am **Theaterplatz** nahe dem linken Elbufer. Rund um das stolze Reiterstandbild König Johanns von Sachsen (Schilling, 1883) bildet das stattliche architektonische Ensemble einen der schönsten deutschen Plätze.

An der Nordseite prangt Gottfried Sempers meisterhafte Oper, die unter dem Namen **Semperoper** (1841) bekannt ist. Die Statuen an ihrer Fassade zeigen Shakespeare unterhalb von Sophokles zur Linken und Molière unter Euripides zur Rechten. Den Eingang flankieren Goethe (links) und Schiller (rechts).

Den Westen des Platzes nimmt Dresdens berühmtestes Baudenkmal ein, der **Zwinger**, ein Meisterwerk höfischen Barocks, das August der Starke zur Verherrlichung seiner Macht in den Jahren

Sächsische Staatskapelle Dresden. Ein Jahr, nachdem Moritz von Sachsen zum Kurfürsten ernannt worden war, gründete er 1548 seine Hofkapelle, heute »Sächsische Staatskapelle Dresden« genannt. Kein Orchester der Welt weist eine solch lange, ununterbrochene Tradition auf. Sein Klangkörper ist legendär und die Reihe seiner Dirigenten lang und glanzvoll, von Heinrich Schütz über Carl Maria von Weber, Richard Wagner, Karl Böhm, Giuseppe Sinopoli bis zu Christian Thielemann. Die Staatskapelle ist in der Semperoper zu Hause, in deren feierlichem Rahmen sie zu Opern und Balletten aufspielt; ihre Konzerttourneen sind weltweit ein Ereignis.

Huber/Hallberg

1709–32 vom Architekten Matthäus Daniel Pöppelmann ausführen ließ. Aufs harmonischste vereinen sich in diesem Palast mit den Sandsteingalerien und zweistöckigen Pavillons rund um einen in französisch-formellem Stil angelegten Garteninnenhof eine überschwängliche Gestaltungslust und Klarheit der Formen. Die Dächer und Balustraden zieren Skulpturen von Balthasar Permoser, einem der größten Bildhauer des Barocks, der Pöppelmann bei seiner Arbeit zur Seite stand.

Am eindrucksvollsten ist der Zutritt zu dieser Gebäudeanlage von Westen durch das prächtige **Kronentor** mit der polnischen Königskrone obenauf und den vielfachen Symbolen des sächsisch-polnischen Herrscherhauses an der Fassade.

Die Langgalerie zur Rechten des Kronentors beherbergt die **Porzellansammlung**, eine der bedeutendsten Kollektionen der Welt an Keramik und Meißener, japanischem und chinesischem Porzellan. Die wohl schönsten figürlichen Darstellungen aus der Meißener Manufaktur, z.B. die monumentale Reiterstatue, stammen von Johann Joachim Kändler, einem Meister des 18. Jh. Die Ausstellung erstreckt sich bis zum anschließenden **Glockenspielpavillon.** An der Innenseite des Ostflügels sieht man ein von Kändler geschaffenes Glockenspiel aus 40 – ebenfalls Meißener – Porzellanglocken.

Gegenüber, mit Permosers **Nymphenbad** aus Wasserspielen hinter der Nord-West-Galerie, steht der **Wallpavillon** mit seinem »Mathematisch-Physikalischen Salon«, dessen 2013 neu eröffnete Ausstellungen bis zum Kronentor reichen. Romantischer sind die an Sommerabenden im Garten davor veranstalteten **»Zwingerserenaden«**.

Die bis dahin offene Nordseite des Zwingers wurde 1847–54 durch Gottfried Semper, den Erbauer der nach ihm benannten Oper, durch ein sich in die Palastanlage harmonisch einfügendes Bauwerk in italienischem Renaissance-Stil geschlossen. Darin ist die weltberühmte **Gemäldegalerie Alte Meister** zu bewundern. Sie präsentiert zahlreiche Werke von Rubens, van Eyck, Rembrandt, Vermeer, van Delft, van Dyck, Holbein, Dürer, Cranach, Murillo, Velázquez, Poussin – und als Höhepunkt italienische Renaissance-Künstler: u. a. Raffaels *Sixtinische Madonna*, Giorgiones *Schlummernde Venus*, Tizians *Zinsgroschen* …

Fast wie ein griechischer Tempel wirkt die Altstädter Wache, nach ihrem Architekten auch **Schinkelwache** genannt. In ihrem Gebäude befinden sich der Kartenvorverkauf der Sächsischen Staatsoper und ein Café. Südlich gegenüber erstrahlt in barocken Pastellfarben das **Taschenbergpalais**, heute ein Luxushotel.

Das **Residenzschloss**, dem Zwinger östlich gegenüber, gilt als einer der bedeutendsten Renaissancebauten Deutschlands. Es entstand zwischem dem 13. und 16. Jh. und wurde nach seiner Zerstörung im Zweiten Weltkrieg wieder errichtet. Auf keinen Fall sollte man einen Besuch der einzigartigen Schatzkammer im **Grünen Gewölbe** verpassen.

Im 1. Obergeschoss des Westflügels ist das **Neue Grüne Gewölbe** mit Exponaten von Renaissance bis Klassizismus zu bewundern. Zum Stadtjubiläum 2006 wurde im Erdgeschoss das **Historische Grüne Gewölbe** eröffnet, das Besucher mit seiner einmaligen barocken Ausstattung erwartet. Zu den Höhepunkten zählt das Juwelenzimmer.

Auch das **Kupferstichkabinett** (Drucke und Zeichnungen von Dürer bis Picasso), das **Münzkabinett** und seit 2013 die **Rüstkammer** haben im Schloss ihren Platz gefunden. Der 101 m hohe **Hausmannsturm** ist der älteste Teil der Anlage. Er gewährt (April–Oktober) einen herrlichen Blick über die Stadt und die Elbe.

Neben dem Residenzschloss befindet sich die **Kathedrale St. Trinitatis** (ehemalige Hofkirche). Der von 1738–54 von Gaetano Chiaveri erbaute barocke Sandsteinbau ist Sachsens größte Kirche. Seit 1980 ist sie Sitz des Bistums Dresden/Meißen. In der Gruft ruhen Sarkophage der katholischen Wettiner und das Herz Augusts des Starken. Sehenswert sind auch die Rokokokanzel von Permoser, die Silbermannorgel, der Barockaltar und der moderne Glasaltar (1994).

In der Augustusstraße sollte man den **Fürstenzug** (19. Jh.) nicht versäumen, einen Fries aus 23000 bemalten Meißener Porzellankacheln, auf dem sämtliche Herrscher des Hauses Wettin sowie Künstler und Wissenschaftler dargestellt sind; er schmückt die Außenseite des Langen Ganges (1591) vom **Stallhof**. Im Innern ist dieser Renaissance-Flügel mit prächtigen toskanischen Rundbogenarkaden ausgestaltet.

Die **Frauenkirche** am Neumarkt entstand 1726–43 nach Entwürfen Georg Bährs. Es ist der bedeutendste protestantische Kirchenbau Deutschlands und galt zu DDR-Zeiten als Mahnmal gegen den Krieg. Die Kuppel stürzte während des Bombenhagels im Februar 1945 ein. Nach langjährigem Wiederaufbau wurde die Frauenkirche 2005 wieder geweiht.

Vom Neumarkt gelangt man rasch zum **Landhaus**, das Hofbaumeister Krubsacius 1775 als Sitz der Landstände erbaute. Nach Kriegszerstörung und Wiederaufbau dient der klassizistisch und barock gestaltete Bau als interessantes **Stadtmuseum**. Auch die **Städtische Galerie Dresden** zeigt hier ihre seit dem 18. Jh. begonnene Sammlung, die fortlaufend durch aktuelle Werke ergänzt wird.

Am Elbufer liegt als großartige Flaniermeile am Fluss die rund 500 m lange **Brühlsche Terrasse**. Zu ihrem Skulpturenschmuck gehört die älteste Statue Dresdens, das **Moritzmonument** (1555).

Unterhalb der Terrasse ist die Anlegestelle der »Weißen Flotte« für romantische Elbrundfahrten. Von den **Brühlschen Gärten** hat man Zugang zum **Albertinum**, das Kunst von der Romantik bis zur Gegenwart zeigt. Nach den Flutschäden von 2002 wurde das Interieur völlig neu konzipiert. Die **Galerie Neue Meister** (19.–21. Jh.) und die **Skulpturensammlung** werden äußerst interessant ergänzt durch die gläsernen Schaudepots.

Neustadt

Wer sich nun (noch) nicht für eine **Elbrundfahrt** entscheiden mag, überquert vom Schlossplatz aus die **Augustusbrücke**, um in die Neustadt zu gelangen.

Huber/Krammisch

Huber/Szyszka

Barocke Fassaden – wie jene des Taschenbergpalais – prägen viele Straßenzüge. | Für architektonische Kontraste sorgt das Militärhistorische Museum von Daniel Libeskind.

Fantasievoll gestaltet sind die Fassaden der Kunsthofpassage in der Äußeren Neustadt.

Huber/Mehlig

Am Neustädter Markt stoßen Sie auf ein einmaliges Standbild, den **Goldenen Reiter** (1736); es zeigt August den Starken hoch zu Ross in voller Rüstung eines römischen Imperators. Er war auch Bauherr des im 18. Jh. errichteten **Blockhauses**, des ältesten Militärgebäudes der Stadt.

Ein kurzer Spaziergang die Elbe entlang führt zum **Japanischen Palais**. 1715 begonnen und 1727–33 in spätbarock-klassizistischen Stil erweitert, sollte die vierflügelige Anlage ursprünglich die Porzellansammlung Augusts des Starken aufnehmen. Darauf weisen die geschwungenen Dächer und das Giebelrelief über dem Portal hin.

Heute sind im Palais das **Landesmuseum für Vorgeschichte** und das **Museum für Völkerkunde** untergebracht. Von einer kleinen Anhöhe direkt neben dem Gebäude bietet sich ein schöner Blick auf die gegenüberliegende Flussseite.

In nordöstlicher Richtung, zum Albertplatz hin, stoßen Sie auf die barocke **Dreikönigskirche**, von deren Turm aus sich eine wunderbare Rundsicht bietet. Ein Teil des Hauses dient als kirchliches Tagungs- und Begegnungszentrum, in der anderen Hälfte werden Gottesdienste abgehalten.

Unterhalb der Orgelempore sehen Sie eines der schönsten Renaissancedenkmäler der Stadt. Der 12,5 m lange *Dresdner Totentanz*, 1534–36 von Christoph Walter geschaffen.

Der restaurierte **Jägerhof** östlich des Neustädter Markts belegt mit Giebelzier und Treppentürmen seine Herkunft aus der Renaissance. Der ehemals kurfürstliche Jagdhof ist nun Heimstatt einer vielseitigen **Puppentheatersammlung** und seit fast 100 Jahren ist hier auch das **Museum für Sächsische Volkskunst** zu Hause.

Außerhalb des Zentrums

Die Landeshauptstadt von Sachsen mit ihren 530 000 Einwohnern präsentiert sich nicht nur als üppige Barockstadt, sondern zeigt ebenso stolz ihre Vorreiterrolle in der Industrie- und Baukultur.

Weithin sichtbar ist etwa die zu einem modernen Büro- und Veranstaltungskomplex umgebaute Tabakmanufaktur **Yenidze**, ein moscheeähnlicher Bau von 1907 westlich des Zentrums.

Ein Pilgerziel für städtebaulich Interessierte ist **Hellerau** im Norden Dresdens, Deutschlands erste Gartenstadt (seit 1909), deren reges Kulturleben Künstler, Musiker und Literaten zu Beginn des 20. Jh. magnetisch anzog.

Dem **Militärhistorischen Museum** nördlich der Neustadt drückte 2011 der Stararchitekt Daniel Libeskind einen prägenden Stempel mit einem spektakulären Anbau auf.

DRESDNER CHRISTSTOLLEN

Seit 1434 wird in Dresden der Striezelmarkt abgehalten, benannt nach dem Dresdner Christstollen, der hier »Striezel« heißt. Ursprünglich eine Fastenspeise – ein Gebildbrot, das das in Windeln gehüllte Jesuskind symbolisiert –, dürfte der Stollen, der im 15. Jh. noch mit Rüböl gebacken wurde, verwöhnten Leckermäulern weniger gemundet haben. Das änderte sich aber 1491 mit dem »Butterbrief« von Papst Innozenz VIII., als das Öl durch Butter ersetzt werden durfte.

Die heute übliche Rezeptur gibt es etwa seit dem 19. Jh. Die Dresdner Bäcker nehmen es mit ihrem Striezel genau: »Dresdner Christstollen« ist als eingetragenes Warenzeichen geschützt und darf unter diesem Namen nur aus der Dresdner Gegend kommen. Das Rezept findet sich indes in vielen deutschen Haushaltskochbüchern und fängt lecker an: Schon am Vortag des Backens werden nämlich 1 kg Rosinen und 250 g Korinthen in Rum oder Weinbrand eingeweicht. Dann braucht man für zwei hausgemachte Stollen 2 kg Mehl, 4 Hefewürfel, 500 g Butter, 500 g Zucker, 1 l Milch, 1 Teelöffel Salz, 4 Päckchen Vanillinzucker, 200 g geriebene süße Mandeln, 100 g Zitronat, abgeriebene Zitronenschale und Bittermandelaroma. Die gut durchgezogenen Rosinen und Korinthen mengt man zum Schluss unter den Teig, der wenigstens zwei Stunden gehen muss. Nach einstündigem Backen werden die Stollen mit Butter bestrichen und mit Fein- und Puderzucker bestäubt. Und nun Geduld: Lässt man den Striezel noch ein bis zwei Wochen ruhen, schmeckt er am besten!

wikimedia.org/Gürgi

Seit 2002 lockt die **Gläserne Manufaktur** Autobegeisterte zum Zuschauen bei der Herstellung von Luxuslimousinen des VW-Konzerns, gut 1 km südöstlich der Altstadt.

Die untere Bergstrecke

Stromabwärts von Dresden aus begleiten den Strom in den Elbeauen das Messegelände links und manche Industrieanlage, u. a. im Vorort **Übigau** rechts, wo ein historischer Kran an die ehemalige Werft (km 61) erinnert.

Auf der Höhe von **Radebeul** (km 65), lange Zeit Wirkungsstätte des Abenteuerschriftstellers Karl May (1842–1912), begleiten viele Weingärten mit einladenden Restaurants die Uferhänge.

Bis Meißen setzt sich die **»Riviera« Sachsens** fort. Den heimischen Wein zu kosten ist ein Muss – man wird dabei bald einmal feststellen, dass die Behauptung, man müsse ihn schnell austrinken, weil sonst die Säure das Glas zerfresse, jeglicher Grundlage entbehrt. Weinbau hat in Sachsen eine lange Tradition, wurde er doch bereits 1161 erstmals urkundlich erwähnt.

Im Hinterland, gut 10 km nördlich vom Elbtal, ist ein Besuch des zauberhaften **Schlosses Moritzburg** zu empfehlen – das Renaissance-Jagdschloss (16. Jh.) erhielt von Matthäus Daniel Pöppelmann seine barocken Zutaten und der repräsentationswütige August der Starke sammelte das exquisite Interieur zusammen. Kurios mutet dabei das schwerste Hirschgeweih der Welt (fast 20 kg) an.

Huber/Alfeld

Märchenhaft spiegelt sich Schloss Moritzburg in seinem Schlossteich.

Das mittelalterliche **Meißen** (km 82), erste wettinische Residenz in dieser Gegend, gilt als Wiege Sachsens. Seinen Weltruf verdankt es der Porzellanmanufaktur, die August der Starke 1710 gründete.

Der gotische Dom (Goethe bezeichnete einst das Kircheninnere als das »schlankste, schönste Gebäude aller Gebäude jeder

Zeit«), die St.-Afra-Basilika, die hoch aufragende Albrechtsburg und weitere schöne historische Bauten erlebt man neben der Altstadt mit ihren verträumten Kopfsteinpflastergassen, Gewölbegängen, vielen erkergeschmückten Giebelhäusern und reizenden Innenhöfen.

Rund um den Marktplatz gruppieren sich eine ganze Reihe sehenswerter Gebäude, darunter das Rathaus (1472) mit dem Wettiner Löwen an der Fassade und die ebenfalls gotische Frauenkirche mit einem Glockenspiel aus Meißener Porzellan. In der über 200-jährigen Weingaststätte »Vincenz Richter« kann man einheimische Weine kosten und sich ein Bild davon machen, wie die Bürger der Stadt einst lebten.

Sanft hügelig, manchmal mit Weingärten, häufiger mit Weiden durchsetzt, ist nun die Umgebung der Elbe. Ein auffälliger Bau markiert die Grenze des von der Elbe durchflossenen Berglandes: Der markante Fels, auf dem **Schloss Hirschstein** (auch: Neuhirschstein, km 96) emporragt, diente wohl schon im 10. Jh. als Wachtposten für die Elbfurt in der Nähe. Die mittelalterliche Burg, um 1500 zum Schloss umgebaut, hat häufig ihren Besitzer gewechselt. Berühmteste »Gäste« waren 1944/45 Mitglieder der belgischen Königsfamilie, die Adolf Hitler hierher deportieren ließ.

Die mittlere Elbe

Bis zu dem Schlossfelsen ist die Elbe durch 450 Kilometer Gebirgsland geflossen, von nun an aber strömt sie gemächlich in einer meist breiten Aue mit vielen Mäandern durch überwiegend ebenes Land, bis sie nach weiteren 490 Kilometern auf das einzige Stauwehr ihres Laufs in Deutschland stößt.

Dieser Flussabschnitt bietet einen Wechsel von geschichtsträchtigen Orten und intensiv geschützter Naturlandschaft: Rund 390 Flusskilometer liegen in den UNESCO-Biosphärenreservaten »Mittelelbe« und »Flusslandschaft Elbe«. Bedeutende Orte wie die Lutherstadt Wittenberg, die Bauhausstadt Dessau und anschließend die Hansestadt Magdeburg sowie einige reizende Kleinstädte säumen den Fluss auf dieser Strecke.

Nur spärlich besiedelt sind die Ausläufer der Dahlener und der Dübener Heide links der Elbe. **Riesa** (km 108) erinnert mit den Silos einer Futtermittelfabrik an das landwirtschaftlich genutzte Hinterland.

Strehla (km 115) bot seit dem Mittelalter eine Furt durch die Elbe auf der sogenannten Alten Salzstraße und dem Jakobsweg. Die Burg Strehla, im 15. und 16. Jh. zum Renaissanceschloss umgebaut, wacht immer noch an der strategisch wichtigen Stelle.

WEISSES GOLD

Der Alchimist Johann Friedrich Böttger (1682–1719) wurde wegen seiner Prahlerei, Gold herstellen zu können, vom Preußenkönig Friedrich I. verpflichtet, unter strenger Bewachung seine Behauptung zu beweisen. Doch Böttger gelang die Flucht, und er trat in sächsische Dienste ein. Hier versuchte der offensichtlich talentierte Mann nicht mehr, das Geheimnis des Goldes zu ergründen, sondern er forschte nach dem Rezept zur Herstellung des aus Fernost bekannten exklusiven Materials Porzellan. Am 28. März 1709 konnte er Kurfürst August dem Starken seinen Erfolg kundtun. Damit war der (finanzielle) Grundstein für die spätere sächsische Prachtentfaltung gelegt. 1710 entstand in der Meißener Albrechtsburg die erste Porzellanmanufaktur Europas, deren Produkte mit dem unverwechselbaren Markenzeichen – blaue, gekreuzte Schwerter – bald einmal Weltruf erlangten. In einer Vorführwerkstatt (die heutige Fabrik befindet sich in der Talstraße) kann die Verarbeitung des »weißen Goldes« verfolgt werden, und eine Ausstellung zeigt Kostbarkeiten des Hauses, die über die Jahrhunderte angefertigt wurden. Die stolzen Preise für **Meißener Porzellan** sind durchaus gerechtfertigt, wenn man bedenkt, dass die Hälfte der über 600 Angestellten nur mit dem Handbemalen der zerbrechlichen Gegenstände beschäftigt ist.

Porzellanmanufaktur Meissen

Belgern (km 140) ist seit über 500 Jahren »Rolandstadt«: Die im Ort aufgestellte Sandsteinstatue des Rolands von 1610 weist auf Belgerns früh erworbenen bürgerlichen Freiheiten hin.

Die Elbbrücke in **Torgau** (km 154) schrieb Geschichte: Am 25. April 1945 trafen an der kriegszerstörten Brücke Soldaten der Roten Armee und der US Army aufeinander, und es kam zum historischen Handschlag, der das Ende des Zweiten Weltkriegs symbolisiert. Jedes Jahr feiert Torgau im Beisein russischer und amerikanischer Gäste den »Elbe Day«.

Hoch über dem Ort thront **Schloss Hartenfels**. Als das Adelsgeschlecht der Wettiner sich im 15. Jh. in zwei Linien spaltete, wurde die bestehende Albrechtsburg in Meißen Sitz der albertinischen Linie, während in Torgau das Schloss im Stil der Frührenaissance als Residenz der ernestinischen Linie entstand; es geriet im 16. Jh. in albertinischen Besitz. Hier wurde 1627 die erste deutsche Oper – »Daphne« von Heinrich Schütz – uraufgeführt. 1810 wurde es sächsische Landesfestung und Stützpunkt der napoleonischen Armee. Der prächtig renovierte Bau beherbergt das Landratsamt und Ausstellungen; im 20. Jh. erweckte man die mittelalterliche Tradition wieder, Braunbären im Schlosshof zu halten.

Auch vom Wirken der Reformatoren Luther und Melanchthon konnte das Städtchen profitieren. Nicht weil sich Martin Luther und Katharina von Bora hier vermählten, sondern weil Torgau neben Wittenberg ein Zentrum der Reformation war. Einen Besuch lohnt die von weit her sichtbare Marienkirche mit einem Gemälde von Lucas Cranach dem Älteren.

Die nächste Anlaufstelle ist die Lutherstadt **Wittenberg** (km 215). Die Wettiner der ernestinischen Linie, seit 1486 Kurfürsten, hielten in der auch von Kaufleuten stark geprägten Stadt Hof, bis der Titel 1547 an die albertinische Linie ging. Bauwerke wie das Schloss, die dazugehörige Kirche und die Elbbrücke sowie die Gründung der Universität gehen auf das Konto des Kurfürsten Friedrich des Weisen (1486-1525). Der Bekanntheitsgrad der Stadt nahm noch zu mit dem Wirken des Theologieprofessors Martin Luther, der Wittenberg 1517 zur Wiege der Reformation und damit zu einem wichtigen geistigen und kulturellen Zentrum machte. Die Schauplätze der Reformation sind UNESCO-Welterbe.

Auf dem Marktplatz, vor der stimmungsvollen Kulisse des Renaissance-Rathauses (1540) und schmucker Bürgerhäuser, steht ein Denkmal Luthers und seines Mitstreiters Philipp Melanchthon.

Unweit davon erhebt sich die gotische Stadtkirche St. Marien, Luthers Predigtkirche. Seine Thesen schlug der Reformator an die Tür der berühmten Schlosskirche. Die »Thesentür« fiel 1760 einem Brand zum Opfer und wurde später durch ein kunstvolles Bronzetor ersetzt.

Das Lutherhaus im Südosten der Stadt beherbergt das bedeutendste reformationsgeschichtliche Museum der Welt. Es wurde saniert und präsentiert seine Ausstellungen mit multimedialen Mitteln. Hauptanziehungspunkt ist die sogenannte Lutherstube mit weitgehend originaler Einrichtung. Beeindruckend sind auch das Refektorium und der Große Hörsaal, die Gemälde von Lucas Cranach, die Predigtkanzel Luthers aus der Stadtkirche sowie die 1534 erstmals erschienene Lutherbibel. Ein Teil der Ausstellung ist dem Buchdruck gewidmet, dessen Aufschwung in die Zeit der Reformation fällt.

Nur ein paar Schritte von Luther entfernt wohnte sein Weggefährte, der Theologe und Humanist Philipp Melanchthon. In seinem Haus (16. Jh.) ist ebenfalls ein Museum eingerichtet, dessen wichtigste Ausstellung in das Leben und Werk dieses Gelehrten einführt. Besonders schön ist sein Arbeitszimmer mit einer Einrichtung aus dem Ende des 19. Jh.

MARTIN LUTHER

Martin Luther wurde als Sohn eines Bauers, Minenarbeiters und -besitzers sowie spätern Ratsherrn 1483 in Eisleben geboren. Eigentlich wollte er Jurist werden, was auch sein Vater wünschte. Doch nach einem offenbar schrecklichen Gewittererlebnis fühlte Martin Luther sich zu einem »Gott geweihten Leben« berufen. 1507 in Erfurt zum Priester geweiht, kam er 1508 als Augustinermönch an die Wittenberger Universität. Vier Jahre später erhielt er dort einen Lehrstuhl als Professor. Als er 1510 nach Rom reiste, schockierte ihn der »verweltlichte« Klerus. Bei seinem Bibelstudium kam er dann zum Schluss, dass die Gerechtigkeit Gottes nicht eine Leistung des Menschen sei, sondern ein Geschenk Gottes, das der Mensch demutsvoll anzunehmen habe. Dies ist Luthers sogenanntes »Turmerlebnis«. 1517 nagelte der Theologe 95 Thesen gegen den Ablass und andere kirchliche Praktiken an das Portal der Schlosskirche und löste damit die Reformation aus. Schließlich legte er 1524 die Mönchskutte ab und heiratete die ehemalige Nonne Katharina von Bora. Mit seinen sechs Kindern lebte das Paar im Augustinerkloster, das 1522 aufgelöst worden war, und das heute das Lutherhaus ist. 1536 schenkte der Kurfürst Luther das Gebäude, der es bis zu seinem Tod bewohnte. Er starb auf einer Reise in seinen Geburtsort Eisleben im Jahr 1546.

wikimedia.org/NobbiP

Zu den Wittenberger Berühmtheiten gehört außerdem der Maler Lucas Cranach der Ältere, der über 40 Jahre hier lebte und der mehrere Gebäude besaß, wie zum Beispiel den Cranachhof in der Schlossstraße 1.

Als das hiesige Martin-Luther-Gymnasium 1993 renoviert werden sollte, kam die Idee auf, den sterilen DDR-Plattenbau fantasievoll umzugestalten. Es war kein Geringerer als der Architekt und Maler Friedensreich Hundertwasser, der sich des Umbaus annahm, und so besitzt Wittenberg heute ein buntes Hundertwasser-Gymnasium.

Schon über 50 Flusskilometer mäandriert die Elbe gemächlich durch ihre als UNESCO-Biospärenreservat naturgeschütze Aue, bevor sie am linken Ufer auf das prachtvolle UNESCO-Weltkulturerbe **Gartenreich Dessau-Wörlitz** trifft (km 233–244).

In dem Städtchen **Wörlitz** pflegten die Fürsten von Anhalt-Dessau den Sommer zu verbringen. Im frühklassizistischen Schloss lassen sich antike Plastiken und zahlreiche Gemälde italienischer und französischer Meister des 17. Jh. bewundern.

Mehr noch als der Palast lohnt der ausgedehnte Park mit einem See, Inseln, Kanälen, Pavillons, Brücken, Grotten und Statuen den Besuch. Fürst Franz (mit vollem Titel eigentlich Leopold III. Friedrich Franz) ließ die Anlage 1765–1811 nach englischem Vorbild gestalten.

In **Dessau** an Land zu gehen heißt auf blaublütigen Spuren zu wandeln. Der heute knapp 90 000 Einwohner zählende Ort war von 1470 bis 1918 Residenz der Fürsten von Anhalt-Dessau, danach bis 1945 Hauptstadt des deutschen Freistaats Anhalt.

Die Adelsfamilien haben verschiedene Schlösser und Parkanlagen hinterlassen, beispielsweise Schloss Georgium, dessen Gemäldegalerie Werke so berühmter Maler wie Albrecht Dürer und Lucas Cranach des Älteren besitzt.

Eine weitere Besonderheit ist ein Stiftsgebäude von 1750, wo seit 1927 das Museum für Naturkunde und Vorgeschichte untergebracht ist; sein auffälliger Turm wurde dem römischen Hospital Santo Spirito aus dem 18. Jh. nachgebildet.

Dessau ist aber ebenfalls eine Hochburg der Moderne: Das 1925–26 erstellte Bauhaus von Walter Gropius war die berühmteste Gestaltungsschule des 20. Jh. mit bedeutenden Auswirkungen auf die Bereiche Architektur, Wohnraumgestaltung, Kunstpädagogik und Industrieform. Das Gebäude dient als Kulturzentrum; Gropius' Bauhaussiedlung, deren Häuser die neue architektonische Sachlichkeit verkörpern,

flickr.com/Frollein2007

Das Bauhaus hat Kunst, Architektur und Design weltweit geprägt.

befindet sich im Vorort Törten. Die Einrichtungen des Bauhauses in Dessau und Weimar zählen seit 1996 zum Weltkulturerbe der UNESCO. Ein Gropiusbau überschaut die Elbe bei km 262, das Restaurant Kornhaus.

Auf der Weiterfahrt gleitet das Schiff an stillen Auenlandschaften des Biosphärenreservats vorüber. Doch da und dort fällt der Blick auch auf Industriebauten – alle haben seit der Wende einen starken Wandel durchgemacht. So stellt die Werft **Roßlau** (km 258) inzwischen Brückenteile her und die Deutschen Hydrierwerke Dessau (km 264) produzieren in modernen Anlagen u. a. spezielle Alkohole.

3 km nach der Saalemündung passiert man **Barby** (km 294): Wo 1922 die Maizena-Werke gegründet wurden, arbeitet die jetzige Stärkemittelfabrik Cargill nach neuesten technischen Stand. Die mittelalterliche Stadt erhielt 1715 ein Schloss von Herzog Heinrich von Sachsen-Weißenfeld, das zu DDR-Zeiten ein Aufnahmelager für Übersiedler aus der Bundesrepublik war.

Am neu gestalteten Ufer des Städtchens **Schönebeck** erinnert die moderne Skulptur »Salzblume« an das zur Gemeinde gehörige **Bad Salzelmen**, wo sich das älteste Soleheilbad im deutschsprachigen Raum befindet.

Ab km 323 beginnt im Elbtal eine mehrere Kilometer lange Insellandschaft, darauf Parks und Freizeitflächen für die 230 000 Einwohner von **Magdeburg**. Die Stadt ist auf dem hohen linken Ufer angesiedelt. Sie wurde im 10. Jh. Kaiserpfalz und Erzbistum im damals noch sehr unsicheren Grenzgebiet zu den Slawen. Ihre Blüte begann im 13. Jh. mit der Mitgliedschaft im hanseatischen Bund. Pompöser Zeuge aus dieser Zeit ist der gotische Dom, der als größte Hallenkirche Norddeutschlands gilt. Im »Paradies«, einem kleinen Vorbau, befinden sich eindrückliche Statuen der weisen und törichten Jungfrauen aus dem 13. Jh.

Die Barockfassaden der Häuser rund um den Domplatz und ein 400-jähriger Fachwerkbau wurden restauriert oder auch rekonstruiert. Nördlich des Platzes werden die Räumlichkeiten des im 12. Jh. von Prämonstratensern gegründeteten Klosters Unser

Lieben Frauen für moderne Kunstausstellungen genutzt; die romanische Klosterkirche wurde 1977 zur »Konzerthalle Georg Philipp Telemann« umgestaltet und ehrt damit den in Magdeburg 1681 geborenen Komponisten.

An der Ostseite des Hauptplatzes (Alter Markt) fällt das barocke Rathaus (1698) ins Auge. Hier steht der berühmte Magdeburger Reiter aus dem Jahr 1240, das älteste frei stehende Reiterstandbild Deutschlands. Es handelt sich hier um eine vergoldete Kopie der Figur; das Original aus Sandstein kann man im Kulturhistorischen Museum sehen.

Interessant ist die Skulptur mit den Magdeburger Halbkugeln, die man ebenfalls auf dem Alten Markt findet: Sie demonstriert eindrucksvoll die Wirkung des Luftdrucks, die der Physiker (und Bürgermeister der Stadt) Otto von Guericke 1650 durch das Leerpumpen einer Eisenkugel bis nahezu zum Vakuum nachwies.

Weitere Sehenswürdigkeiten sind die 1948 entdeckten romanischen Gewölbe im nahen »Weinkeller Buttergasse« und die wiedererrichtete Johanniskirche; der Südturm bietet einen unvergleichlichen Rundblick. Die Stadt wurde nach dem Krieg als Industriestandort nach sozialistischem Muster wieder aufgebaut und mauserte sich nach der Wende als Hauptstadt des Bundeslandes Sachsen-Anhalt zum modernen Verwaltungs- und Dienstleistungszentrum.

Eine bedeutende technische Sehenswürdigkeit stellt das **Wasserstraßenkreuz Magdeburg** (km 340) nördlich der Stadt dar: Seit 2003 quert hier die mit 918 m längste Kanalbrücke der Welt die Elbe. Westwärts gelangt man auf dem Mittellandkanal (siehe dort) an Wolfsburg und Hannover vorbei zum Dortmund-Ems-Kanal und damit zum Ruhrgebiet und zum Rhein, ostwärts auf dem Elbe-Havel-Kanal (siehe dort) nach Berlin.

In 2 km Entfernung vom östlichen Elbufer bei km 382 winken die Doppeltürme der Prämonstratenser-Klosterkirche von **Jerichow**. Die Stiftsanlage gehört zu den wichtigsten Werken romanischer Baukunst in Norddeutschland. Die Kirche, eine Basilika mit flacher Decke im Mittelschiff, wurde im 12. Jh. errichtet, Krypta und Klausurgebäude sind mit Kreuzgratgewölben versehen, die zum Teil auf prachtvollen spätromanischen Kapitellen ruhen.

Tangermünde (km 389) empfiehlt sich für einen Ausflug. Der Name besagt es: Hier mündet die Tanger in die Elbe. Innerhalb der gut erhaltenen mittelalterlichen Befestigungsmauern erwartet die Besucher eine Altstadt voller nordischer Backsteingotik, was besonders gut am Rathaus, dessen

Kaum zerstört und schön renoviert: Tangermündes Fachwerkhäuser.

Giebel filigrane Verzierungen schmücken, gut zum Ausdruck kommt. Ein sinniges Detail: Direkt über den Räumlichkeiten des Standesamtes nisten Störche … An vielen der gepflegten Fachwerkhäuser fallen schmucke Portale auf, die nach einem Großbrand im 17. Jh. entstanden sind.

Von der Burg nördlich des Zentrums kann man noch beeindruckende Überreste sehen; sie diente seit dem 10. Jh. der Grenzsicherung des Deutschen Reichs und war 1373–1378 Residenz des deutschen Kaisers und Königs von Böhmen, Karls IV., der sie repräsentativ ausbauen ließ.

Die Fahrt verläuft gemächlich durch das **Norddeutsche Tiefland**, auf weiten Strecken vorbei an natürlichen Überflutungsräumen mit üppigen, von Menschenhand kaum berührten Landschaften. Was für ein Paradies – vor allem für die Vogelwelt: Die Elbeauen bieten über 220 Vogelarten, darunter Reihern, Schwänen, Enten, Bussarden, Milanen, Möwen und Störchen Lebensraum.

Ländlich ist die Umgebung hier überall. In der Landschaft **Altmark** links des Flusses, weiter nördlich auch rechter Hand, ist seit Jahrhunderten Familie Bismarck ansässig. Der ehemalige Reichskanzler Otto von Bismarck (1815–1898) kam 10 km nördlich von Jerichow in Schönhausen zur Welt.

Schloss Storkau (km 397), heute ein Hotel, ist das rund 100-jährige Zentrum einer Gutsanlage. Aus dem Rahmen fällt das zur DDR-Zeit gebaute, aber aus Sicherheitsgründen nie fertiggestellte **AKW Stendal**; es grüßt bei km 409 mit seiner Bauruine.

Wenig sieht man von den Ortschaften, selbst **Havelberg**, das sich 3 km östlich der Elbe an der Havel entlangzieht, verschwindet, von der Elbe aus gesehen, hinter dichten Auwäldern bis auf den mächtigen Turm des Doms auf dem hohen Geesthang (siehe Kapitel »Elbe-Havel-Kanal und Untere Havel«).

An einem markanten **Elbknie** mündet die Havel (km 422), der 148 km lange Schifffahrtsweg der Unteren Havel-Wasserstraße (siehe dort) beginnt in Berlin. Die Elbe ändert ihren Kurs abrupt nach Nordwesten und behält diese Richtung im Großen und Ganzen bis zu ihrer Mündung in die Nordsee. Sie durchfließt dabei das von den Schmelzwässern und ihr selbst während der letzten Eiszeit geschaffene Elbe-Urstromtal.

Wehre können bei km 438 und 428 die künstlich geschaffenen Mündungsarme der Havel verschließen und so ein Eindringen von Elbhochwasser in das Havelland verhindern. In den Wiesen sind immer mal wieder Störche zu sehen, denn das Storchendorf **Rühstädt** liegt im Hinterland von km 440.

Wittenberge (km 455) ist die größte Stadt der dünnbesiedelten Landschaft Prignitz. In ihrem hübschen alten Kern zeugen ganze Straßenzüge von Jugendstil-Bürgerhäusern von einstigem Wohlstand. Eines der Wahrzeichen ist der Wasser- und Uhrenturm des ehemaligen Singer Nähmaschinenwerks. Mit Martin Luther hat die Stadt übrigens nichts zu tun, dafür hat sie ein »e« zu viel!

Das Städtchen **Schnackenburg** (km 475) liegt im Schutz des Elbdeichs; bis zur Wende befand es sich in dem abgelegensten Winkel Niedersachsens unmittelbar an der bis 1989 hermetisch abgeriegelten Grenze zur DDR, für die die Elbe ab hier auf 100 km die deutliche Markierung bildete. Einen Besuch wert ist die romanische Backsteinkirche St. Nikolai (13. Jh.).

Das linke Ufer verläuft abwechslungsreich mit kleineren Hügeln wie dem 76 m hohen **Höhbeck** (km 485). Schlagzeilen machen immer wieder Protestaktionen im Dorf **Gorleben** (km 492), in dessen Gemarkung sich ein umstrittenes Atommüllager in einem ausgedienten unteriridischen Salzbergwerk befindet.

In der Waldlandschaft südlich der Elbe besiedelten Wenden (Slawen) im Zuge der Völkerwanderung auch diese Gebiete. Entlang einer Linie vom östlichen Schleswig-Holstein über das östliche Niedersachsen und durch Sachsen-Anhalt bis hin nach Thüringen erkennt man ihre Ausbreitung anhand ungewöhnlich klingender Ortsnamen. Hier, in dem **Hannoverschen Wendland**, liegen z. B. Pommoissel, Meuchefitz oder Lüchow, doch als im 10. Jh. sich das Deutsche Reich ostwärts ausdehnte, kamen vertrauter klingende Namen dazu, wie Langendorf oder Blütlingen.

Zur Zeit der deutschen Teilung lag das Wendland sehr isoliert;

damals zog es ruhesuchende Großstädter hierher. Nicht nur die Naturnähe war hier reizvoll, auch die prächtigen Rundlinge, kreisförmig um einen zentralen Platz angelegte Runddörfer, erhielten mehr Beachtung und wurden prächtig restauriert. In **Lübeln** ist ein einzigartiges Rundlingsmuseum zu besichtigen.

Die rechte Elbseite bildet eine breite Ebene im Urstromtal. Bei km 504 ab zweigt die **Müritz-Elde-Wasserstraße** (siehe dort) und führt über 17 Schleusen zur Mecklenburgischen Seeplatte.

Am selben Elbkilometer liegt die Ortschaft **Dömitz** mit ihrer wuchtigen Festung des 16. Jh. Die alte Stadt war 1423 bis 1864 eine einträgliche mecklenburgische Zollstation am Strom. Den Grenz- und Zollposten verteidigte schon im 13. Jh. eine Burg, die dann später zur Festung erweitert wurde. Auch politische Gefangene wurden hier festgehalten, unter ihnen 1838–40 der mecklenburgische Dichter Fritz Reuter, der die niederdeutsche Sprache Mecklenburgs salonfähig machen sollte (»Ut mine Festungstid«).

Nur 30 km entfernt im Hinterland wird die Kreisstadt **Ludwigslust**, einst herzogliche Residenz gern besucht (siehe Kapitel »Elde, Müritz und Obere Havel«).

Beschauliche Städtchen in der hügeligen Umgebung des südlichen Ebufers sind **Hitzacker** (km 523) und **Bleckede** (km 550), zwischen beiden ist der **Kniepenberg** ein beliebter Aussichtspunkt.

Vom nördlichen, flacheren Elbufer führt ein kurzer Stichkanal in das schön restaurierte **Boizenburg** (km 559), das zu DDR-Zeiten wegen seiner Lage an der innerdeutschen Grenze stark isoliert war.

Seit dem 14. Jh. ist der bei km 569 rechts abzweigende **Elbe-Lübeck-Kanal** (siehe dort) von wirtschaftlicher Bedeutung: Heute ist er eine 62 km lange Bundeswasserstraße; im Mittelalter verband er die Salzstadt Lüneburg und die den intensiven nordeuropäischen Handel beherrschende Hansestadt Lübeck.

In **Lauenburg** (km 570) kann die steinerne Palmschleuse besichtigt werden, deren hölzerne Vorgängerin 1398 hier in Betrieb ging. Lauenburg ist ein ganz reizendes Städtchen mit hübschen Fachwerkhäusern aus dem 16. und 17. Jh. In der Elbstraße 59 befindet sich im ehemaligen Rathaus das Elbschiffahrtsmuseum; beim Portal der Maria-Magdalena-Kirche (Erstbau 1227) sieht man noch den alten Prangerstein.

Die südlichste Stadt des Bundeslandes Schleswig-Holstein erlangte einst als Umschlagplatz an der alten Salzstraße recht große Bedeutung. Vom Schlossberg aus bietet sich ein sehr schöner Blick über die Elbmarschen hinweg bis nach Lüneburg; der einstige Sitz der Herzöge von Lauenburg-Sachsen ist jedoch heute nur noch eine Ruine.

Von Lauenburg bis Geesthacht ist das Nordufer der Elbe markant steil, während das Elbtal im Süden eine weite Ebene bildet.

Der recht gerade Elbe-Seitenkanal zweigt seit 1976 bei km 573 südwärts ab (siehe dort).

Auffällig erhebt sich vor dem rechten Hochufer das stillgelegte **AKW Krümmel** (km 580). Auf diesem Gelände, in seinem ersten Werk außerhalb Schwedens, erfand der Chemiker Alfred Nobel 1867 den Sprengstoff Dynamit; bis 1945 wurden hier Explosivstoffe produziert.

Bei **Geesthacht** erreicht man das 220 m lange, 1957 bis 1960 erbaute Stauwehr (km 586). Schiffe passieren die Staustufe in einer Doppelkammerschleuse; Wanderfische, wie Aale, Lachse oder Meeresforellen, können seit 2010 über eine 550 m lange Fischtreppe am Wehr flussaufwärts steigen. Das Wehr ist ein äußerst einschneidender Eingriff in die Fluss-Natur, aber eine große Erleichterung für die Schifffahrt und die Bewohner der Flussaue: Es verhindert, dass bei Sturmfluten von Westen her das Hochwasser bis tief ins Hinterland eindringt und sorgt im Osten durch den Aufstau für die Schiffbarkeit von Elbe, Elbe-Seitenkanal und Elbe-Lübeck-Kanal.

Hamburgs pittoreske Speicherstadt wurde einer neuen Nutzung zugeführt.

hemis.fr/Luider

Von Hamburg bis zur Nordsee

Die Gezeiten, die einst bis Lauenburg spürbar waren, finden seit 1960 ihr Ende am Wehr von Geesthacht. Die restlichen 142 km des Elbstroms bis zur Mündung unterliegen also Ebbe und Flut (der Tidenhub unmittelbar in Wehrnähe beträgt ca. 1,50–1,80 m, in Hamburgs Innenstadt ca. 3,60 m), über 8,50 m hohe Deiche schützen das deutlich niedriger gelegene Hinterland.

Am rechten Ufer ist bei km 587 bereits das Gebiet der Freien und Hansestadt Hamburg erreicht; hinter der Deichkrone breiten sich Wiesen und Gewächshäuser aus, hier liegen die schmucken, jahrhundertealten der Dörfer der Vier- und Marschlande, die Hamburg auch heute noch mit Gemüse und Blumen versorgen.

Seit über 750 Jahren verbindet die Fähre von Zollenspieker (km 598) die beiden Elbufer, und seit 1872 kommt man dank der Norder-Elbbrücken (km 621) trockenen Fußes über den Fluss. Die drei Brücken markieren die Grenze zwischen Binnen- und Seeschifffahrt: Östlich von ihnen herrscht beschauliche grüne Landschaft vor, die Westseite besticht mit ihrem Panorama des Hamburger Hafens links des Elbstroms und dem Nebeneinander moderner Bauten der HafenCity und historischer Türme rechts davon.

Hamburg

Das Bild Hamburgs als einer lasterhaften Hafenstadt stammt aus den Zeiten vor der modernen Container-Seeschifffahrt. Hamburg war aber immer weit mehr als nur St. Pauli. Bei den Deutschen ist die weltoffene Handelsstadt mit ihren 1,8 Millionen Einwohnern bekannt für ihre Traditionen ebenso wie für ihren Mut zu kaufmännischen Zukunftsstrategien. Dies offenbart sich schon in der historischen Silhouette der Türme von Kirchen und Rathaus, die nach dem Zweiten Weltkrieg restauriert wurden, als Gegengewicht zu zeitgenössischer Architektur oder modernsten Hafenanlagen, beispielhaften Zeugen wirtschaftlichen Aufschwungs.

Die unabhängigen und tüchtigen Hanseaten gelten als zurückhaltend, sind aber keineswegs so kühl, wie sie oft beschrieben werden. Deutschlands zweitgrößte Stadt, die Johannes Brahms zu ihren Söhnen zählt und einst Schriftsteller wie Heine, Klopstock und Lessing in ihren Bann zog, hat noch heute ein reiches Kulturleben mit bedeutenden Museen und so bekannten Bühnen wie Staatsoper, Thalia Theater, Deutschem Schauspielhaus oder Musical-Spielstätten.

Die Universität ging erst 1919 aus einer Stiftung der Kaufleute hervor, heute gesellen sich u. a.

die Technische Universität Harburg, die Hochschule für Angewandte Wissenschaften oder die HafenCity Universität dazu. Außerdem ist Hamburg auch Sitz des Norddeutschen Rundfunks (NDR) und großer Zeitschriften- und Buchverlage.

Hamburgs Lebensader ist der Hafen – nach Rotterdam und Antwerpen der drittgrößte Europas – obwohl er über 100 km von der Nordsee entfernt am Zusammenfluss von Elbe und Alster liegt. Jedes Jahr legen rund 12 000 Seeschiffe aus der ganzen Welt an den modernen Kais an, wo über 130 Millionen Tonnen an Gütern umgeschlagen werden.

Hafen, Handel und Industrie (Elektrotechnik, Mineralölwirtschaft, Maschinen-, Flugzeug- und Schiffbau), Banken und Versicherungen sowie die Werbe- und Modebranche prägen Hamburgs Wirtschaftsleben. Und auch politisch pflegt man sorgsam seine Eigenheiten: In diesem Stadtstaat bildet der »Senat« die Landesregierung, der Ministerpräsident heißt »Erster Bürgermeister«, seine Minister sind »Senatoren« und das Landesparlament nennt sich in Hamburg »Bürgerschaft«.

Weltberühmt ist das Vergnügungsviertel St. Pauli, das neben ausgelassenem Treiben in Kneipen, Bars und Diskotheken auch mit hochrangigen Musical- und Kabarett-Theatern aufwartet. Hanseatisch-vornehm geht es in den schicken Einkaufspassagen und Boutiquen rund um Jungfernstieg und Neuem Wall zu – Hamburg hat für jeden Geschmack etwas zu bieten.

Hamburgs Schwäne. Die Alsterschwäne gehören zu Hamburgs Wahrzeichen und galten schon vor Jahrhunderten als stolzes Symbol städtischer Freiheit. Sonstwo war es einst nämlich nur dem Adel – der in Hamburg keine besonderen Rechte besaß – erlaubt, Schwäne in öffentlichen Gewässern zu halten. Die Stadt ließ diese zahmen Vögel mindestens seit dem 16. Jh. füttern und betreuen. Seit 1818 kümmert sich ein »Schwanenvater« um die prächtigen weißen Tiere, die während der kalten Jahreszeit in einem städtischen Winterquartier durchgefüttert werden, bis sie im Frühjahr zur Alster zurückkehren.

istockphoto.com/Jansen

Huber/Gräfenhain

Über die Binnenalster schweift der Blick zu Rathaus und St. Nikolai.

Innenstadt

Die vielen Wasserflächen der beiden Flüsse Elbe und Alster prägen die erholsame und grüne Großstadt. Ein besonderes Flair strahlen dabei die im 13. Jh. aufgestauten Seen der Alster aus. **Kennedy- und Lombardsbrücke** trennen die kleinere Binnen- von der 1,6 km^2 großen Außenalster. Beginnen Sie Ihren Stadtbummel an der Lombardsbrücke. Von hier eröffnet sich ein wundervoller Blick auf die Stadt mit ihren Türmen von Kirchen und Rathaus.

Sportler gehen auf der **Außenalster** segeln oder rudern. Vielleicht haben Sie Lust, sich die Stadt auf einer Alsterrundfahrt geruhsam vom Wasser aus anzusehen. Oder spazieren Sie durch die Parklandschaften rings um die Außenalster.

Die **Binnenalster**, zur Sommerzeit mit der aufsprühenden Fontäne als Wahrzeichen, ist genauso vornehm. Ruhepausen bietet am Südufer der **Jungfernstieg**, z. B. im Alsterpavillon über dem Wasser, wo bereits seit 1799 Kaffee und Kuchen serviert werden.

Am östlichen Ende der Lombardsbrücke, am Glockengießerwall, beginnt die Kunstmeile mit dem hellen, schlichten Kubus der Galerie der Gegenwart, dem von O. M. Ungers gestalteten Erweiterungsbau der Hamburger Kunsthalle. Zeitgenössische Kunst mit Werken z. B. von Joseph Beuys, Andy Warhol oder Horst Janssen ist hier vertreten.

Die eindrucksvolle Gemäldesammlung der anschließenden, 1868 eröffneten **Kunsthalle** umfasst Werke vom Mittelalter bis zur Gegenwart. Zu den Glanzstücken zählen Meister Bertrams für die St.-Petri-Kirche geschaffener Flügelaltar aus dem 14. Jh. und Meister Franckes Thomas-Altar (1424). Auch niederländische Meister sind mit mehreren Gemälden vertreten. Höhepunkte aus jüngerer Zeit sind aber zweifellos die deutschen Romantiker des 19. Jh. – Caspar David Friedrichs geheimnisvolle Landschaften und Philipp Otto Runges ebenso ätherische Bilder. Aus dem 20. Jh. sind neben einem bedeutenden Bestand von Werken des Norwegers Edvard Munch auch Arbeiten von Max Liebermann, Lovis Corinth, Emil Nolde, Paul Klee und Franz Marc zu sehen.

Das **Museum für Kunst und Gewerbe** am Steintorplatz südöstlich des imposanten **Hauptbahnhofs** von 1906 enthält eine fast unerschöpflich scheinende Sammlung von Möbeln, Plastik, Schmuck, Kleidung und Keramik aus aller Welt, vom alten Ägypten bis heute. Die umfangreiche Jugendstilabteilung mit dem »Pariser Salon« der Weltausstellung von 1900 ist einzigartig. Sehenswert ist auch die Musikinstrumente-Sammlung.

Südwestlich setzt sich die Kunstmeile am Klosterwall fort: In der sogenannten **Markthalle** bieten Galerien und andere Kunstinstitutionen vor allem Sonderausstellungen. Die Meile endet mit den **Deichtorhallen**: 1911–14 für den Gemüse- und Blumengroßmarkt gebaut, beherbergen sie heute unter anderem das **Haus der Photographie**.

Gegenüber erstreckt sich das **Kontorhausviertel** mit faszinierender norddeutscher Backsteinarchitektur der 1920er- und 1930er-Jahre. Flaggschiff ist das **Chilehaus** von 1921 mit seiner spitz zulaufenden östlichen Front, die an einen klassischen Ozeandampfer erinnert.

Einen Überblick über dieses Areal und die ganze Stadt erhält man vom **Fesselballon HighFlyer** aus 150 m Höhe, der neben den Deichtorhallen aufsteigt.

In der **Altstadt** südlich der Binnenalster zeugt der hohe Turm des **Rathauses** im Stil der deutschen Renaissance – Ende des 19. Jh. auf 4000 Eichenpfählen errichtet – vom Bürgerstolz der Hanseaten. Es ist Sitz des Senats und der Bürgerschaft der Freien und Hansestadt Hamburg. Der Sitzungssaal der Bürgerschaft und die prunkvollen Repräsentationsräume können im Rahmen von Führungen auch besichtigt werden.

Besondere Schätze zeigt die **St.-Jacobi-Kirche** aus dem 14. Jh., die durch die Bombenangriffe des Zweiten Weltkrieges schwer beschädigt und danach wieder aufgebaut wurde: Die von verschiedenen Zünften gestifteten Altäre überstanden den Krieg heil, ebenso die berühmte Arp-Schnitger-Orgel aus dem Jahre 1693, sie wird für zahlreiche Konzerte genutzt.

Das Wahrzeichen der Hansestadt ist jedoch – in der im 17. Jh. entstandenen Neustadt südwestlich der Binnenalster – der »Michel«, die **St.-Michaelis-Kirche** mit ihrem 132 m hohen Turm. Markant ist seine auf Säulen ruhende Kupferhaube. Ein Fahrstuhl bringt Sie hinauf auf die Aussichtsplattform in 82 m Höhe, von der sich ein großartiger Blick auf den riesigen Hafen eröffnet. Die 1762 vollendete Kirche mit ihrem weiten, lichten Innenraum ist ein Meisterwerk des norddeutschen Barockstils.

Unbedingt sehenswert sind die **Krameramtswohnungen** (am Krayenkamp 10) hinter St. Michaelis. Die malerischen zweistöckigen Fachwerkhäuser wurden 1676 für arme Krämerwitwen eingerichtet. Heute sind darin Galerien und ein Museum untergebracht.

In der Neander- und Peterstraße nördlich der St.-Michaelis-Kirche steht ein Ensemble **barocker Stadthäuser**. Original erhalten ist hier das **Beylingstift** aus dem Jahr 1751.

Die anderen Bauten wurden rekonstruiert, darunter auch das **Geburtshaus von Johannes Brahms** (Peterstraße 39), darin ein Museum für diesen berühmten Hamburger Komponisten sowie eines für den hier tätigen G.Ph. Telemann. Zu hören sind ihre Werke u.a. in der nicht weit entfernten **Laeiszhalle** (Musikhalle).

Im **Hamburgmuseum** nahe dem einstigen Millerntor (Holstenwall 24) gewinnen Sie einen Einblick in die bewegte Vergangenheit der

Hummel-Hummel. Unter den Hamburg-Souvenirs findet sich oftmals auch eine Figur, die auf den ersten Blick aussieht wie ein Kaminfeger – schwarze Kluft und schwarzer Zylinderhut. Doch die Schultertrage mit Eimern links und rechts zeichnet den Mann als Wasserträger aus. Bis um die Mitte des 19. Jh. wurde hier noch so Trinkwasser verkauft.

Johann Wilhelm Bentz war einer dieser Wasserträger, ein Hamburger Original und ein wohl eher griesgrämiger Typ, dem die Kinder den Spottnamen »Hummel« hinterherriefen, und das gleich doppelt: »Hummel-Hummel!« Seine Antwort – die Hamburger Kurzfassung des Götz-von-Berlichingen-Zitats: »Mors-Mors!«. Der plattdeutsche Ausdruck »Mors« klingt in Hamburger Ohren weitaus milder als der hochdeutsche »Hintern«. »Hummel-Hummel!« – »Mors-Mors!« wurde bald weltweit zum Schlacht- und Erkennungsruf der Hamburger.

flickr.com/LuxTonnerre

Hansestadt. Das Modell der sogenannten Hammaburg mit ihren Missionsgebäuden dokumentiert hier die frommen Ursprünge.

Weitere Modelle zeigen Hamburg während der hanseatischen Blütezeit. Daneben sind aber auch die aufgespießten Schädel zweier enthaupteter Seeräuber zu sehen. Hamburgs ehrbarere maritime Vergangenheit wird mit der schön rekonstruierten Innenausstattung eines Hochseedampfers aus dem frühen 20. Jh. illustriert und mit Hafen- und Schiffsmodellen bis ins Mittelalter zurückverfolgt. Das Museum steht auf der Stadtbefestigung aus der Zeit des Dreißigjährigen Kriegs, den heutigen Wallanlagen.

Planten un Blomen (Pflanzen und Blumen) nennen die Hamburger das Parkgelände, das sich vom einstigen Stadtwall bis zum Fernsehturm erstreckt. Im Sommer locken die abends beleuchteten Wasserspiele mit musikalischer Untermalung viele Gäste an den Parksee.

Der 278 m hohe **Fernsehturm** (eigentlich Heinrich-Hertz-Turm; nicht öffentlich) überschaut die Parkanlage und das moderne **Messegelände**, während das nahe Hochhaus des Radisson Blu Hotels das **Congress Centrum Hamburg** (CCH) markiert. Daneben steht Hamburgs schönste Bahnstation, der im Jahr 1903 im Jugendstil vollendete **Dammtorbahnhof**.

Der Hafen und St. Pauli

Hamburgs historische Entwicklung ist ohne den Hafen undenkbar. Dienten im Mittelalter kleine Holzstege an der Alster als Anleger, so dominieren heute riesige Container-Verladebrücken die Kais an der Elbe und ihren künstlichen Hafenbecken.

Inmitten des 7 km breiten Elbtals erstreckt sich das Hafengelände über 74 km^2. Ende der 1960er-Jahre revolutionierten die Container weltweit den Warenumschlag. Heute geht mit diesen genormten Stahlbehältnissen (20 oder 40 ft = 6,10 m oder 12,20 m Länge) ein Großteil des Warentransports vonstatten; damit veränderte sich auch das Aussehen der Frachtschiffe: Die breiten, kastenförmigen Containerfrachter in allen Größen beobachtet man daher oft auf der Elbe. Auch Bulkcarrier (Massengutfrachter), teilweise um 350 m lang, sind Gäste des Hafens; sie bringen Kohle, Erz, Getreide oder Mineralölprodukte nach Hamburg. Der Kreuzfahrtsektor boomt; das Ein- und Auslaufen des Luxusliners *Queen Mary 2* und anderer spektakulärer Cruiseliner ziehen an Land jeweils viele Zuschauer an.

Hamburgs Hafengeschichte nahm ihren Anfang am 7. Mai 1189 mit der Gewährung von Privilegien durch Kaiser Barbarossa. Ein winziges Hafenbecken am **Nikolaifleet** gilt als erster Hafen der

Stadt. Dieses Fleet, ein Mündungsarm der Alster, begleitet die **Deichstraße** mit hübschen Kaufmannshäusern des 17.–19. Jh., z. T. mit barocken Fassaden an der Straßenfront. Schmale Durchgänge führen zu ihrer Fleetseite.

Die jüngere Hafengeschichte wird an der mittlerweile historischen **Speicherstadt** sichtbar: 1888 gewährte das Deutsche Reich der Hansestadt zollfreie Lagerung von Importgütern. Für diesen Freihafen wurde südlich der Innenstadt ein 1,2 km langer Komplex mehrstöckiger Speicher erbaut. Neugotische Türmchen und Giebel verleihen den roten Backsteinbauten einen ganz besonderen Reiz, sie spiegeln Stolz und Selbstbewusstsein hanseatischer Kaufleute wider.

Seit 2002 gehört die Speicherstadt nicht mehr zum Freihafen: Der Containerverkehr machte das Stapeln von Säcken, Bündeln und anderem Stückgut überflüssig. Und 2013 fielen die Freihafengrenzen gänzlich – neue Zollvorschriften machen ein zollfreies Gebiet unnötig.

Viele Museen, darunter das **Deutsche Zollmuseum** (Am Wandrahm 16), das **Speicherstadtmuseum** (Am Sandtorkai 36), das **Gewürz-**

istockphoto.com/Fischer

istockphoto.com/Gosch

Überraschend: das »Dock 47« am Pinnasberg in St. Pauli. | Die schwedische Gustaf-Adolf-Kirche in der Neustadt.

istockphoto.com/Thaysen

Berühmt ist St. Pauli auch für sein wahrhaft buntes Nachtleben ...

museum (Am Sandtorkai 34), das vielseitige **Internationale Maritime Museum** (Kaispeicher B, Koreastraße 1), die Rennwagen-Ausstellung **Prototyp** (Shanghaiallee 7) sowie die größte Modellbahnanlage der Welt, das **Miniatur Wunderland** (Kehrwieder 2), haben sich hier etabliert.

Unbedingt anschauen sollte man sich das **Kesselhaus** (Am Sandtorkai 30): In diesem einstigen Kraftwerk erläutert heute das Modell der **HafenCity** das derzeit größte Stadtentwicklungsprojekt der Hansestadt.

Auch Hamburgs **Kreuzfahrtterminal** (Hamburg Cruise Center, km 622) empfängt hier Gäste aus aller Welt. Gleich nebenan laden die vor Kurzem fertiggestellten Büros und Wohnungen um den **Sandtor- und Grasbrookhafen** zum Flanieren ein.

Verweilt man auf den **Magellan-Terrassen**, überschaut man schmucke Bootsveteranen im Sandtorhafen und den riesengroßen backsteinernen Kaispeicher A von 1965. Das einstige Kaffeelager wird ab dem Jahr 2017 die aufsehenerregende Architektur (Herzog & de Meuron) der **Elbphilharmonie** tragen, worin sich u. a. ein großes Konzerthaus mit 2150 Plätzen befinden wird.

Eine Mischung aus Seefahrtsnostalgie und sehr modernem Hafenbetrieb erlebt man von der auf einem Viadukt geführten **U-Bahn-Linie U3** zwischen den Haltestellen Baumwall und Landungsbrücken oder, etwas näher am Wasser, entlang der Promenade an der Norderelbe. Besuchen Sie dort zwei große Museums- und Restaurantschiffe aus vergangenen Epochen der Seefahrt: Die schneeweiße **Cap San Diego** befuhr in den frühen 1960er-Jahren als klassisches Stückgutschiff mit eigenem Ladegeschirr das Fahrtgebiet Hamburg-Südamerika. Das schnittige Schiff – von Seefahrtromantikern »weißer Schwan des Südatlantiks« genannt – liegt an der Überseebrücke und ist immer noch fahrtüchtig. Nicht mehr in See stechen kann dagegen das benachbarte Segelschiff **Rickmer Rickmers** aus dem Jahr 1896. Mit bunter Galionsfigur und seinen drei bis zu 47 m hohen Masten erinnert es an die große Zeit der Segelschifffahrt.

Nebenan liegt der über 700 m lange schwimmende Landungssteg, die **Landungsbrücken**, das touristische Herz des Hafens. Von hier starten **Hafenrundfahrten**, die Sie sich auf keinen Fall entgehen lassen sollten. Sie haben dabei die Wahl zwischen gemütlichen kleinen Barkassen und großen, modern eingerichteten Fahrgastschiffen. In beiden Fällen wird Ihnen ein »He lücht« (Er lügt) mit einigen Flunkereien und vielen Informationen den Hafen erklären.

Tief unter die Elbe bringt Sie der 1912 eingeweihte **Alte Elbtunnel**. Ein Fahrzeuglift und für Fußgänger und Radfahrer ein gläserner Fahrstuhl, sowie eine Treppe, führen 21 m hinunter zu den beiden etwa 450 m langen Tunnelröhren. Der Fußweg lohnt sich: Auf der anderen Elbseite bietet sich ein beeindruckender Blick über den Strom auf die Landungsbrücken und die Stadt.

Von der Nordseite der Elbe führen Treppen auf das Hochufer des Stadtteils **St. Pauli**. Auf einer aussichtsreichen Promenade passieren Sie das Haus des Deutschen Wetterdienstes neben dem Bernhard-Nocht-Institut für Tropenmedizin. Hier liegt die Davidstraße und das neu erbaute **Brauquartier** mit attraktiven Wohn- und Bürosowie drei Hochhäusern.

Welch einen Gegensatz bildet das 20-stöckige **Empire Riverside Hotel** aus der Hand von Star-Architekt David Chipperfield zu den kleinen Straßen gegenüber mit ihren mehr oder minder schummrigen Kneipen mit lauter Musik und den »Bordsteinschwalben«, die zwischen 20 und 6 Uhr ihre Freier anlocken! Hier erreicht man unversehens das **Vergnügungsviertel von St. Pauli**.

Die mit Sichtblenden verriegelte **Herbertstraße**, die kurz darauf abzweigt, scheint das Klischee des »sündigsten Viertels der Welt« zu bestätigen. Auch die Ordnungshüter sind hier legendär und werden durch beliebte Krimifilme geradezu verklärt: Vorbei am **St.-Pauli-Museum** führt die Davidstraße zur Polizeistation **Davidwache**, deren Fassade auf die weltbekannte **Reeperbahn** schaut.

Daneben verläuft der **Spielbudenplatz** mit mehreren sehr empfehlenswerten Kabarett- und Varietétheatern sowie dem Operettenhaus, seit vielen Jahren Spielort erfolgreicher Musicals. Hunderte von Bars, Kneipen und Diskotheken sind für jüngere Besucher die wichtigsten Ziele im Viertel rund um die Reeperbahn.

hemis.fr/Luider

Die sonntägliche Stimmung im Altonaer Fischmarkt ist ein Erlebnis!

Der Szenetreff **»Mojo«** bezog 2013 sein Kellerquartier unter dem Hochhaus **Tanzende Türme**.

Eine wichtige Bedeutung für Musikfans hat die Straße **Große Freiheit**. Hier feierten die Beatles in den frühen 1960er-Jahren ihre ersten großen Erfolge. Diese Tradition setzt sich heute in den hervorragenden Livemusik-Klubs fort.

Jeder St.-Pauli-Bummel führt zum **Hans-Albers-Platz** mit seinen Kneipen und Bars. Für den kopfsteingepflasterten Platz gleich hinter der Herbertstraße schuf Jörg Immendorf ein Denkmal des beliebten Hamburger Schauspielers Hans Albers (1891–1960).

Eine Sache für Frühaufsteher ist der nahe sonntägliche **Fischmarkt**. Im Sommer gehen hier bereits ab 5.30 Uhr die Marktschreier ihrem Gewerbe nach. Unter das Volk gebracht werden dabei neben Aal und anderem frischem oder geräuchertem Fisch auch Gemüse, Obst, Pflanzen, Kleidung und vieles mehr. Um 9.30 Uhr ist jedoch Schluss, dann läuten die Glocken der nahen St.-Trinitatis-Kirche zum Gottesdienst! Viele Besucher ziehen allerdings die zahlreichen Kneipen vor, z. B. die legendäre **Haifischbar** (Große Elbstraße 128).

Das Gebiet zwischen Fischmarkt und dem 2,5 km stromabwärts gelegenen Oevelgönne, von Stadtplanern als **»Perlenkette an der Elbe«** bezeichnet, ändert sich rasant. Wo noch vor einigen Jahren Getreidefrachter und Fischtrawler ihre Ladung löschten, stehen nun viele Restaurants und Büros, v. a. der Medien- und Designbranche.

Das **Stilwerk** am Fischmarkt, heute ein Zentrum für modernes Wohndesign, entstand zu Beginn der 1990er-Jahre aus einer ehemaligen Mälzerei.

Besonders exponiert in Lage und Architektur präsentiert sich neben dem **Kreuzfahrtterminal Altona** der Büroneubau **Dockland** (Van-der-Smissen-Straße 9, km 626) des Hamburger Star-Architekten Hadi Teherani. Das gläserne Gebäudeparallelogramm reicht wie ein Schiffsbug über die Elbe hinaus und die öffentlich zugängliche Dachterrasse gewährt neue Ansichten von Strom und Hafen.

Die **Uferpromenade** erlaubt Spaziergänge mit unterhaltsamen Ausblicken auf große und kleine Schiffe im Elbstrom, den geschäftigen Containerterminal am gegenüberliegenden Ufer oder die 53 m hohe, elegante **Köhlbrandbrücke** in der Ferne.

Rund um das kleine Hafenbecken am Anleger Neumühlen ankern im **Museumshafen** viele noch seetüchtige Traditionsschiffe. Am Ufer laden Fischrestaurants zur Einkehr ein: Das ehemalige Lotsen- und Kapitänsdorf **Oevelgönne** ist mit seinem Sandstrand und dem Ausblick auf vorüberziehende Schiffe eines der beliebtesten Freizeitreviere der Hamburger. Mutige baden sogar im Fluss.

Altona

Der hiesige Stadtteil Altona war bis zu seiner Zusammenlegung mit Hamburg 1937 eine eigenständige Stadt und gehörte bis 1864 zum dänischen Königreich. Die Dänen legten 1844 nahe dem Elbe-Hochufer für die Strecke Altona-Kiel einen Bahnhof an; daraus wurde 1898 unter preußischer Zeit das **Rathaus Altona** (Platz der Republik 1), ein prunkvoller weißer Putzbau im spätklassizistischen Stil.

Westwärts erstreckt sich der Szenestadtteil **Ottensen**. Während der Gründerzeit ein Industriestandort vor allem des Maschinenbaus, hat sich Ottensen mit seiner dekorativen Bebauung und seinen engen Straßen zu einem beliebten »Multi-Kulti-Wohnstadtteil« und Zentrum der Medienschaffenden entwickelt. Zahllose Cafés laden zur Rast ein.

In Altona beginnt auf dem Hochufer der Elbe die 8,5 km lange **Elbchaussee**. Sie gehört zu den allerfeinsten Adressen der Stadt und diente vor über zwei Jahrhunderten als Zufahrt zu den Sommerresidenzen reicher Hamburger Kaufmannsfamilien. Hier kommt man in den Genuss des prachtvollen Ausblicks auf den Schiffsverkehr auf dem Strom und das weite Elbtal. Die exklusiven Wohnsitze versteckten sich oft in ausgedehnten Parks; die meisten dieser Grünflächen sind heute in städtischer Hand.

Einen Besuch wert ist der **Jenischpark**, an dessen höchster Stelle das **Jenisch-Haus** thront. Diese klassizistische Villa beherbergt heute ein Museum für großbürgerliche Wohnkultur (Baron-Voght-Straße 50).

In unmittelbarer Nachbarschaft entdecken Sie im **Ernst-Barlach-Haus** die eindrucksvolle Sammlung des Mäzens Hermann F.

Reemtsma mit Werken des Bildhauers und Schriftstellers Ernst Barlach (1870–1938).

Unweit des Jenischparks liegt die einzige deutsche UNO-Einrichtung, der **Internationale Seegerichtshof**.

Die Elbchaussee endet in **Blankenese**. Dieses einstige Domizil von Kapitänen, Lotsen und Fischern fasziniert durch sein Treppenviertel an den steilen Hängen des Elbufers. Hier eng beieinander, dort auch von bunten Gärten umgeben, reihen sich schmucke Häuser von der schilfgedeckten Fischerkate bis zur Villa im Stil der neuen Sachlichkeit.

Die bekannteste Ausflugsadresse in Blankenese ist der **Süllberg** mit Luxushotel, Restaurant und Kaffeeterrasse.

Rund 20 km lang ist der **Elbuferweg**, ein Wander- und Radweg von der City bis zur Stadtgrenze und darüber hinaus entlang dem Strom. Internationale Routen wie die Europäischen Fernwander-

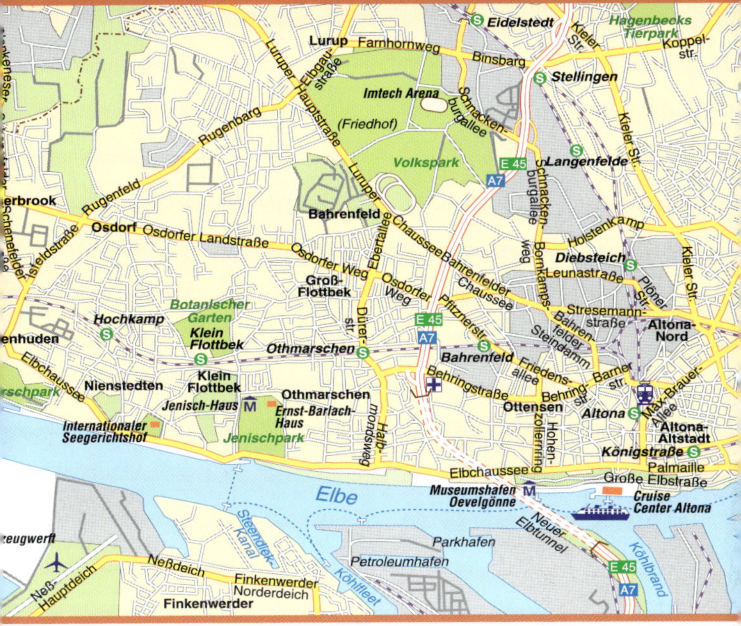

wege 1 und 9 und die North Sea Cycle Route nutzen die herrliche Strecke zwischen Elbstrom und dem baumbestandenen steilen Hochufer. Auch für Passagiere und Mannschaften der Schiffe auf der Elbe ist der Anblick dieser Strecke ein rechter Genuss.

Von Hamburg zur Nordsee

Wo im Westen das Hochufer sanft abfällt, nur wenig außerhalb der Hamburger Stadtgrenze, liegt die berühmte Schiffsbegrüßungsanlage **»Willkommhöft«** in Wedel-Schulau (km 640). Alle ein- und auslaufenden Seeschiffe über 1000 BRT werden tagsüber mit der Nationalhymne ihres Landes sowie dem Wagner-Lied *Steuermann, halt die Wacht* begrüßt.

An Hamburgs Stadtgrenze ist die Elbe über 2 km breit und die **Trichtermündung** in die Nordsee weitet sich zu einer Breite von rund 20 km. Die internationale Wasserstraße vom Hamburger

istockphoto.com/Leung

Bei Cuxhaven erreicht die Elbe die Nordsee – und das Wattenmeer.

Hafen zum Meer ist seit 1818 für die steigenden Schiffsgrößen um über 11 m künstlich vertieft worden. Man kann auf dem Elbstrom Ozeanriesen mit Tiefgängen bis 13,50 m antreffen. Aber es gibt noch größere Schiffe, und auch die möchte der Hamburger Hafen bedienen – der Ruf nach einer weiteren Elbvertiefung wird kontrovers diskutiert.

Immer aber sind die unterschiedlichen Schiffe aus vielen Ländern der Welt – von der eleganten Segeljacht bis zum bulligen Massengutfrachter, vom blitzschnellen Katamaran bis zum gemächlichen Nostalgie-Ewer – eine wahre Augenweide.

Die Landschaft an der Unterelbe ist bestimmt durch unter Naturschutz stehende Elbinseln und Uferwatten mit einer reichen Vogelwelt und vielen seltenen Pflanzen. Aber auch Industrieansiedlungen begleiten den Strom, z. B. im Bereich von **Stade**, einer ehemaligen Hansestadt im Hinterland am Flüsschen Schwinge (Mündung km 655) und die **Kernkraftwerke Brokdorf und Brunsbüttel** (stillgelegt), umgeben von zahllosen Windrädern.

Brunsbüttel am Eingang zum Nord-Ostsee-Kanal (km 696; siehe dort) hat sich zum Standort für chemische Industrie entwickelt. Doch der Haupteindruck am breiten Elbstrom ist das satte Grün der von Schafen beweideten Deiche. Ein Salzgehalt im Elbwasser lässt sich von der Mündung bis 50 km landeinwärts feststellen.

Die Nordsee ist an dem kunstvollen Seezeichen der Kugelbake von **Cuxhaven** (km 727,7) erreicht. Die Stadt hat ihren Hafen an der Elbe und einen herrlichen Sandstrand am Meer. Das **Wattenmeer** der Deutschen Bucht ist mit ca. 9000 km^2 das größte der Welt, sein amphibischer Küstenbereich mit einmaligem Reichtum an Lebewesen zu Wasser und zu Land ist UNESCO-Weltnaturerbe.

WICHTIGE WASSERSTRASSEN

	Eröffnungs-jahr	Länge	Schleusen	Strecke von – über – bis
Mittellandkanal längster deutscher Kanal; überquert Weser und Elbe mittels Kanalbrücken	1942 (Anschluss Elbe-Havel-Kanal 2003)	325 km	3	Dortmund-Ems-Kanal – Wolfsburg – Elbe-Havel-Kanal
Elbe-Havel-Kanal Kilometrierung km 325–380 als Fortsetzung der Kilometrierung des Mittellandkanals	1872; (Vorläufer 1753; bis Mittelland-kanal 2003)	55 km	2	Mittelland-kanal – Plauer See/Havel
Untere Havel-Wasserstraße insges. 20 km freie und 110 km staugeregelte Flussstrecke sowie 18 km Kanal; Kilometrierung von Spreemündung bis Elbe	—	148 km	6	Elbe – Havelberg – Brandenburg – Potsdam – Spreemündg.
Müritz-Elde-Wasserstraße keine Schleusen zwischen Plauer See und Müritz; 49 m Steigung zw. Elbe und Oberseen	1897; (Vorläufer 1834)	180 km	17	Dömitz (Elbe-km 504) – Plau – Buchholz/ Müritz
Stör-Wasserstraße wirtschaftlich kaum mehr von Bedeutung, nahezu ausschließlich Freizeitverkehr	1711 (ausgebaut 1897)	45 km	1	Müritz-Elde-Wasserstraße – Schweriner See – Hohen Viecheln
Müritz – Obere Havel besteht aus: **Müritz-Havel-Wasserstraße** **Obere Havel-Wasserstraße** **Havel-Oder-Wasserstraße** **Havel** (bis Spreemündung)	— — — — —	184 km 32 km 72 km 40 km 40 km	16	Müritz – Mirow – Fürstenberg – Oranienburg – Berlin
Elbe-Lübeck-Kanal ältester Kanal der Welt, der eine Wasserscheide überwindet	1900 (Vorgänger 1398)	62 km	7	Lauenburg – Lübeck
Elbe-Seitenkanal Schiffshebewerk Scharnebeck ist das zweitgrößte Europas	1976	115 km	2	Elbe-km 573 – Lüneburg – Mittelland-kanal-km 234
Nord-Ostsee-Kanal Großschifffahrts-Wasserstraße, jährlich über 30 000 Berufs- und über 15 000 Freizeitschiffe	1895	99 km	2	Brunsbüttel – Rendsburg – Kiel

Zwar künstlich geschaffen, aber mitten in der niedersächsischen Landeshauptstadt Hannover doch überaus reizvoll: der Maschsee.

Huber/Gräfenhain

DER MITTELLANDKANAL

Im 20. Jahrhundert entstand der 325 km lange Mittellandkanal, der eine Ost-West-Verbindung für den Binnenschiffsverkehr zwischen den bedeutendsten Industriezentren Norddeutschlands vor dem Rand der Mittelgebirge schafft. Dieser längste deutsche Kanal macht es Binnenschiffen möglich, dank weiterer Anschlusskanäle das Land vom Rhein bis zur Oder zu durchqueren.

Deutschlands längster Kanal

Doch knapp 100 Jahre hat es gedauert, bis das 1906 begonnene Projekt seinen vollen Ausbau erreichte: 1942 war es von Westen her, von seiner Abzweigung am Dortmund-Ems-Kanal bis Magdeburg an der Elbe gediehen; der Zweite Weltkrieg und die deutsche Teilung verhinderten jahrzehntelang den direkten Weg nach Berlin, stattdessen mussten die Schiffer einen Umweg über die Elbe machen.

Seit 2003 führt aber nun eine 918 m lange Trogbrücke, die längste der Welt, den Kanal über die Elbe hinweg zum Elbe-Havel-Kanal (siehe dort), der zusammen mit der Unteren Havel-Wasserstraße (siehe dort) die Schifffahrt nach Berlin (und darüber hinaus) ermöglicht.

Wolfsburg

Zumeist verläuft der Mittellandkanal durch ebenes, ländliches Gebiet und erreicht die kanalnahen Industriestädte nur ganz am Rande oder über einen Stichkanal. Nicht so im Falle von Wolfsburg (km 246): Hier blickt man vom Schiff aus unmittelbar in das Herz der jungen Stadt von 120 000 Einwohnern.

Man begann die Stadt 1938 für die Beschäftigten des Werks des »KdF-Wagens« (»Kraft durch Freude«) zu bauen, aus dem nach dem Zweiten Weltkrieg der VW Käfer entwickelt wurde. Wie auf dem Präsentierteller zieht sich kilometerlang am Nordufer das **Volkswagenwerk** hin; sein Wahrzeichen sind die vier Schornsteine des alten Kraftwerks.

Die Erlebniswelt **»Autostadt«** gleich nebenan unterhält ihre Besucher in einem modern gestylten

flickr.com/Rane

Ein ganzer Themenpark zum Automobil: Die »Autostadt« Wolfsburg ist auch für Fußgänger interessant!

Park mit allem Wissenswerten rund ums Auto.

Nahe dem Kanalufer im Erholungspark **Allerwiesen** ist das große grasgrüne **Fußballstadion** des 1945 gegründeten VfL Wolfsburg (sozusagen des »VW-Fußballclubs«) nicht zu übersehen.

Direkt am Südufer macht die moderne Wolfsburger Innenstadt mit dem spektakulären Wissenschaftszentrum **Phæno** Furore, ein skulpturaler Betonbau von 2005 aus der Hand der Architektin Zaha Hadid.

Die reiche Industriestadt leistete sich schon in den 1960er-Jahren Weltklasse-Architektur: In der Porschestraße, Einkaufsmeile und kultureller Treffpunkt der Innenstadt, steht das **Kulturhaus** (1962) ein typischer Bau des finnischen Stararchitekten Alvar Aalto; wie so oft bei seinen Werken, stammt nicht nur das Gebäude, sondern auch dessen Innenausstattung von ihm. Der für seine »organische Architektur« bekannte Aalto schuf auch zwei Kirchen für die Stadt.

In der Porschestraße zeigt das **Kunstmuseum** (Architekt Peter Schweger, 1994) so manche hochkarätige Ausstellung, während der Kunstverein interessante Wechselausstellungen im alten **Schloss Wolfsburg** (13./17. Jh.) nördlich der Allerwiesen präsentiert. Im Park südlich des Zentrums steht das eindrucksvolle **Theatergebäude** von Hans Scharoun (1973).

Der Mittellandkanal passiert den eingemeindeten Wolfburger Ortsteil **Fallersleben**, der durch den Dichter der deutschen Nationalhymne, August Heinrich Hoffmann von Fallersleben, Bekanntheit errang. Bei km 233 zweigt nordwärts der Elbe-Seitenkanal ab (siehe dort), der nach 115 km die Elbe erreicht.

Hannover

Ein Kanal-Abzweig führt bei km 150 zur niedersächsischen Landeshauptstadt Hannover (520 000 Einwohner). Die mittelalterliche Stadt am Flüsschen Leine trat Ende des 14. Jh. der Hanse bei. Doch erst das 17. Jh., als Residenz der Herzöge von Braunschweig und Lüneburg-Calenberg, erhielt die Stadt besonderen Glanz. Im Stadtteil Herrenhausen entstand eine **Sommerresidenz** mit umfangreichem Barockgarten, der seine Besucher im Sommer mit zahlreichen kulturellen Veranstaltungen erfreut. Im Zweiten Weltkrieg wurden große Teile von Hannovers Innenstadt zerstört; das Herrenhäuser Schloss wurde 2012 rekonstruiert.

In der Innenstadt beschwören das **Alte Rathaus** mit überbordendem gotischem Zierrat, kleine Gässchen und ehrwürdige Kirchen, wie die Kreuzkirche von 1333, das Mittelalter herauf.

Die zentrale **Marktkirche St. Georgii et Jacobi**, im 14. Jh. errichtet, wurde 1952 wieder aufgebaut, der Bildhauer Gerhard Marcks gestaltete auf dem modernen Portal ergreifende Szenen aus der Zeit der Zerstörung. Im **Leineschloss** residierten einst die hannoverschen Könige (1815–1866), heute ist der Barockbau Sitz des niedersächsischen Landtags.

Ein erfrischender Ruhepol ist sommers wie winters der über 2 km lange **Maschsee**, zum Joggen, Spazierengehen, Bootfahren oder einfach nur, um die Silhouette der Altstadt zu genießen.

Das moderne Hannover ist bekannt als Messestadt. Auf einem 2 km² großen Gelände im Süd osten findet außer vielen anderen Events alljährlich die größte Industriemesse der Welt statt – die **Hannover Messe**. Hier fand außerdem auch die Weltausstellung Expo 2000 statt.

Hannoveraner. Unweit des Mittellandkanals liegt das Hauptzuchtgebiet einer der meistgeschätzten Warmblutpferderassen. Aus der Kreuzung von Arbeits- und Kriegspferden ging ab dem 15. Jh. die Rasse der Hannoveraner hervor, die heute im Pferdesport zu den erfolgreichsten Rassen überhaupt gehört. Seit seiner Gründung 1735 durch den englischen König und Kurfürst von Hannover, Georg II., wacht das Niedersächsische Landgestüt über die hohe Qualität der gezüchteten Pferde. Die gutmütigen und eleganten Tiere sind mit rund 20 000 Zuchtpferden eine der bedeutendsten Zuchtrassen der Welt.

istockphoto.com/Schulzi

flickr.com/Maha

Es gibt wohl nichts, was es nicht gibt in Berlin: Sogar das Strandleben kann man hier genießen – etwa am trendigen Kanzlerstrand.

ELBE-HAVEL-KANAL UND UNTERE HAVEL

Die beiden Bundesländer Brandenburg und Mecklenburg-Vorpommern sind von einem dichten Netz von Flüssen und Kanälen durchzogen, die untereinander vielfältig verbunden sind. Von der Elbe aus führen sowohl der Elbe-Havel-Kanal als auch die Untere Havel-Wasserstraße zum Plauer See, von dem der Wasserweg weiterführt nach Berlin.

Auf zur Hauptstadt

Doch ganz so einfach ist es dann doch wieder nicht: In und um Berlin gibt es zahlreiche Kanäle, Wasserwege, Flüsse und Seen – kein Wunder, dass Berlin mehr Brücken aufweist als Venedig! Die Havel streift die Hauptstadt nur am Rande; ins Zentrum gehts auf der Spree.

Der Elbe-Havel-Kanal

Der Elbe-Havel-Kanal könnte ebenso gut Mittellandkanal heißen – dessen Kilometrierung wird auf dem 55 km langen Wasserweg seit 2003 ohne Unterbrechung östlich der **Trogbrücke** über die Elbe und der **Schleuse Hohenwarthe** fortgesetzt.

Bei km 333 passiert der Kanal die »Stadt der Türme« **Burg** (24 000 Einwohner). Die mittelalterliche Stadtbefestigung und die beiden Gotteshäuser, die spätromanische, aus Granit gebaute Pfeilerbasilika St. Nicolai (ca. 1186) und die gotische Liebfrauenkirche (1455) sind vom Schiff aus gut zu sehen.

Genthin (km 363) bestand schon im Mittelalter und erhielt im 19. Jh. wirtschaftlichen Aufschwung durch den Kanalausbau; hier eröffnete 1923 ein Zweigbetrieb der Henkelwerke – u. a. wurden Persil, ATA und Pril hergestellt. Doch sonst erinnert wenig an Industrie in diesem sanft gewellten, von vielen Seen durchsetzten Land.

Am Plauer See (nicht zu verwechseln mit dem **Plauer See** an der Müritz-Elde-Wasserstraße) hat man bereits die Havel und deren überaus malerische Landschaft erreicht.

Die Untere Havel-Wasserstraße

Den Plauer See durchläuft auch die Untere Havel-Wasserstraße, der Wasserweg der Havel zwischen der Spreemündung in Berlin-Spandau und der Elbe bei Havelberg. Der vormals natürliche Verkehrsweg wurde schon seit Jahrhunderten benutzt und später zur Wasserstraße umgebaut.

Die Moränen der letzten Eiszeit hinterließen hier sanfte Hügel; die Urstromtäler zwischen ihnen sind durchsetzt von Mooren und feuchten Ebenen, die schon die Slawen »Luch« nannten. Erst im 18. Jh. begann man das einsame »Havelländische Luch« zu entwässern und urbar zu machen; noch heute ist es eine urwüchsige, abgelegene Landschaft mit besonders reicher Vogelwelt. So ist hier etwa die seltene Großtrappe zu Hause.

Einige sehr malerische Städtchen liegen an der Havel, und bei Elbkilometer 422 mündet die Havel in die Elbe. Weitere Abflüsse gibt es bei km 428 und 438, aber alle Mündungen lassen sich verriegeln, damit bei Elbhochwasser das Havelgebiet nicht in Mitleidenschaft gezogen wird.

Das Städtchen **Havelberg** ist eine Bistumsgründung von Kaiser Otto I. im 10. Jh. Hoch oben am Geestrand überragt das gewaltige Westwerk des Doms von 1170 die umliegenden Stiftsgebäude. In der romanisch-frühgotischen Bischofskirche sind besonders herausragende Werke der Lettner (14. Jh.) und das Chorgestühl aus der Zeit um 1300. Im Obergeschoss der drei Stiftsbauten befindet sich jetzt das Prignitz-Museum, das die Geschichte dieses Landstrichs und des Doms dokumentiert.

Der alte Stadtkern ist unten auf einer Havelinsel konzentriert. Hier fällt die gotische Stadtkirche St. Laurentius auf. Nahebei steht das klassizistische Rathaus auf den Fundamenten seines gotischen Vorgängers.

Flussaufwärts passiert der Fluss **Rathenow**, einen schon im Mittelalter bekannten Flussübergang. Größere Bedeutung erlangte der im 13. Jh. mit Stadtrechten versehene Ort ab 1733, als König Friedrich Wilhelm I. ihn zur Garnisonsstadt machte.

Südwärts weitet sich das Tal der Havel und flussaufwärts am Dorf mit dem bezeichnenden Namen **Havelsee** führt der Wasserweg tatsächlich durch eine Vielzahl von Seen.

Bei **Plaue** erreicht die Wasserstraße den Plauer See und damit den Schiffahrtsweg aus der Richtung des Mittellandkanals – der Verkehr auf dem ab hier für größere Schiffseinheiten ausgebauten Wasserweg wird nun deutlich lebendiger.

Brandenburg an der Havel

Eine Industriestadt von 70 000 Einwohnern – und dennoch im Zentrum eine kleine Perle – ist östlich der Seenlandschaft die

Stadt Brandenburg an der Havel. Sie gab dem mittelalterlichen Kolonisationsgebiet wie auch dem heutigen Bundesland den Namen und befindet sich an dem alten slawischen Festungsort Brennabor. Heinrich I. eroberte ihn 928, 20 Jahre darauf wurde ein Bischofssitz eingerichtet, doch es vergingen noch gut zwei Jahrhunderte, bis sich die Stadt friedlich entwickeln konnte.

Heute noch sichtbar ist die Dreigliederung der Stadt: Auf einer **Havelinsel** liegt der **Dom St. Peter und Paul**, der 1165–1240 als dreischiffige Basilika errichtet und im 15. Jh. erhöht wurde. Beachtenswert sind die romanischen Kapitelle in der Hallenkrypta, die zweistöckige **»Bunte Kapelle«** und das prachtvoll verzierte gotische Westportal (15. Jh.). Neben den mittelalterlichen Altären in der Kirche sind im **Dommuseum** weitere Schätze zu sehen.

Nördlich der Havel entwickelte sich aus der Slawensiedlung die **Altstadt** mit dem turmbekrönten **Altstädtischen Rathaus**. Davor steht die hierher überführte **Rolandstatue** als Zeichen bürgerlicher Freiheit und des Handels. Die backsteinerne **Gotthardkirche** weiter östlich wurde ab dem 12. Jh. erbaut.

Südlich der Havel entstand später die **Neustadt**, eine Kaufmannssiedlung. Hierher gehörte ursprünglich der Roland – das Neustädtische Rathaus wurde allerdings im Krieg zerstört. Kostbare Backsteinornamente zeigt die **Katharinenkirche**.

Die beiden Siedlungen an den Flussufern waren bis 1518 unabhängige Hansestädte und wurden erst 1715 vereint; der Dombezirk bildete gar bis 1930 eine eigene Gemeinde. Die Hohenzollern, an die 1417 die Mark Brandenburg gefallen war, verlegten 1470 ihren Sitz von hier nach Berlin.

Der Wasserweg nach Berlin ist ab hier eher eine lange Kette beschaulicher Seen, wenn man von kürzeren Kanalabschnitten absieht. Durch derart erholsame Landschaft gelangt man schließlich nach Potsdam.

Potsdam

Die Hauptstadt des Bundeslandes Brandenburg liegt südwestlich von Berlin, 40 Auto- oder Bahnminuten vom Zentrum entfernt. Mit seinen herrlichen, von Parks und Seen umgebenen Schlössern ist Potsdam Sinnbild einer friedvollen Epoche in der preußischen Geschichte. Die vom Soldatenkönig Friedrich Wilhelm I. im 18. Jh. gegründete Garnisonsstadt wurde von Friedrich dem Großen in eine Oase der Kunst und Kultur verwandelt. Schloss Sanssouci, von ihm liebevoll zum »deutschen Versailles« aufgebaut, ist nach wie vor die Hauptattraktion der Stadt.

Wer hat beim Anblick des prachtvollen Sanssouci denn schon Sorgen?

Unter den Nazis kehrte Potsdam zu seinen militärischen Anfängen zurück, als Hitler in der Garnisonskirche (nach dem Krieg abgerissen) den »Segen« Feldmarschall Hindenburgs erhielt. Die Siegermächte beendeten dieses Kapitel 1945 mit ihrer Potsdamer Konferenz, auf der die Teilung Deutschlands beschlossen wurde. 1991 brachte man die Särge der Hohenzollern-Könige nach Sanssouci zurück: Friedrich der Große ruht nun auf der Schlossterrasse, sein Vater nicht weit davon in der Friedenskirche.

Sanssouci – UNESCO-Welterbe

Der **Park Sanssouci** dehnt sich westlich des Stadtzentrums aus. Friedrich der Große erbaute sich hier ein Palais, wo er der Kunst, Musik und Philosophie frönen konnte, ohne Sorge – *sans souci* – um die Staatsangelegenheiten.

Der Architekt Georg von Knobelsdorff schuf 1745 anhand von Entwürfen des Königs eine **Rokokoresidenz**, die mit ihren terrassierten Weingärten und den ausgedehnten Parkanlagen eine überaus harmonische Einheit bildet. In der Rotunde im Ostflügel befindet sich die **Zedernholz-Bibliothek**, wo des Königs persönliche Sammlung untergebracht war. Im festlichen **Marmorsaal** unterhielt man sich bei den »philosophischen Essen« auf Französisch, der Autor und Philosoph Voltaire war hier 1750–53 Dauergast. Das Schloss umfasst mit seinen englischen und französischen Gartenanlagen eine Fläche von rund 300 ha.

In Friedrichs **Bildergalerie** östlich des Palais findet man flämische und italienische Meisterwerke von van Dyck, Rubens, Caravaggio und Guido Reni. Südwestlich der Rebberge steht das **Chinesische Haus** mit vergoldeten Palmen und Figurengruppen am Eingang und einem goldenen Mandarin auf dem Pagodendach.

Das **Neue Palais** am westlichen Ende der Hauptallee ließ Friedrich II. nach dem Siebenjährigen

Krieg als Gästehaus und Symbol preußischer Macht errichten.

Werfen Sie auch einen Blick auf **Schloss Charlottenhof**, die **Römischen Bäder** und besonders in die **Orangerie** mit ihren 50 Kopien von Raffaelgemälden sowie nebst anderen herrlichen Räumen dem Malachit- und dem Lapislazulizimmer.

Altstadt

Die Altstadt von Potsdam hat nach 1945 und dem späteren Abbruch der Hohenzollern-Monumente durch die ostdeutsche Regierung wieder an seine alte Geschichte angeknüpft und diese mit der modernen Funktion als Verwaltungsstadt verbunden.

Karl Friedrich Schinkels **Nikolaikirche** am Altmarkt mit ihrer gewaltigen Kuppel ist wieder aufgebaut worden. Sie dominiert das schöne, ebenfalls rekonstruierte **Alte Rathaus** aus dem 18. Jh. In der Nähe trägt das **Knobelsdorff-Haus** von 1750 den Namen seines Baumeisters.

Vom **Stadtschloss** sind die umfangreichen Stallungen und die Orangerie aus dem 17. Jh. übrig geblieben; sie beherbergen ca. ab Herbst 2014 wieder das Filmmuseum. Für den neuen **Brandenburger Landtag** mit der historischen Schlossfassade auf dem früheren Schlossgelände fiel 2010 der erste Spatenstich, Anfang 2014 wurde er feierlich eröffnet.

Hauptachse des alten Potsdam ist die **Brandenburger Straße** mit einigen Gebäuden aus dem 18. Jh. Sie führt zum **Brandenburger Tor** (1779), das zehn Jahre vor seinem berühmteren Berliner Gegenstück entstand.

Außerhalb der Altstadt

In den Jahren 1734–40 ließ Friedrich Wilhelm I. in der Mittelstraße und Umgebung das **Holländische Viertel** mit seinen schönen Ziegelhäusern als Wohnungen für holländische Handwerker errichten. Die Holländer sind längst weg, an ihre Stelle kamen Künstler. Die rund 130 Häuser bilden ein reizvolles Wohnviertel und bergen hübsche Gartenlokale in den Innenhöfen.

Das zweite »Ausländer-Viertel« in Potsdam ist die russische **Kolonie Alexandrowka**. Sie wurde von Friedrich Wilhelm III. im Norden der Stadt für die Veteranen der Napoleonischen Kriege und zu Ehren Zar Alexanders I. erbaut. Einige Nachkommen der Soldaten leben heute noch in den Holzhäusern und beten in der von Zwiebelkuppeln gekrönten russisch-orthodoxen **Alexander-Newski-Kirche**.

Im Norden Potsdams liegt im Neuen Garten nahe dem Jungfernsee das **Schloss Cecilienhof**. In diesem Landschloss im englischen Stil des 19. Jh. kamen Stalin, Truman und Churchill zusammen, um das Potsdamer Abkommen auszuhandeln, in dem die Teilung Deutschlands und die Kriegsreparationen festgelegt wurden. Das von Efeu umrankte Haus ist als Museum und Hotel erhalten.

Der **Filmpark Babelsberg** eignet sich gut für einen Tagesausflug: Es gibt etwa Stunt-Shows, Vorführungen mit wilden Tieren vor der Kamera, ein 4D-Actionkino, Spielplätze usw. Man kann auch an einer Führung durch die Filmstudios teilnehmen, die noch aus der Glanzzeit des deutschen Films (1920er- und 30er-Jahre) stammen.

Spandau

Die brandenburgische Seenlandschaft setzt sich von Potsdam nach Nordosten fast unbemerkt in der Bundeshauptstadt Berlin fort. Bei der Fahrt über den **Großen Wannsee** und entlang dem riesigen Forst des **Grunewalds** hat man überhaupt nicht den Eindruck, in einer Metropole von 3,5 Millionen Einwohnern zu sein.

Wo die **Spree** in die Havel mündet, liegt Spandau – am Kilometer Null der Unteren Havel-Wasserstraße. Dieser besonders selbstbewusste Berliner Stadtteil nordwestlich des Zentrums ist ein ländlicher Ort geblieben, der Welten von der Hauptstadt entfernt scheint – doch seit 1920 gehört er zur Metropole.

In der Breiten Straße 32 kann man das **älteste Haus** Spandaus aus dem 15. Jh. mit seinen gotischen Gewölben bewundern; weitere sehenswerte Gebäude aus dem 17. und dem 18. Jh. befinden sich in der Markt- und der Mittelstraße.

Der spätgotische Backsteinbau der **Nikolaikirche** auf dem Reformationsplatz stammen aus dem 15. Jh., der barocke Glockenturm wurde später hinzugefügt. Vor dem Hauptportal der Kirche ehrt ein **Bronzedenkmal** den Kurfürsten Joachim II., der 1539 den protestantischen Glauben annahm und somit offiziell die Reformation in Brandenburg einleitete.

In der **Zitadelle**, einer von Havelwasser umgebenen Renaissancefestung aus dem 16. Jh., die den mittelalterlichen Juliusturm einschließt, ist das **Stadtgeschichtliche Museum** Spandau untergebracht.

Berlin

Berlin ist eine Stadt, die sich nicht eindeutig festlegen lässt; zu häufig sind die Wechselfälle der Geschichte, zu stark die Eigendynamik dieser Metropole. Ähnlich dem Untergrund aus Sumpf und Sand, auf den sie gebaut wurde, ist Deutschlands Hauptstadt ständig in Bewegung. Wohl mehr als jede andere Stadt Europas verkörpert Berlin die gewaltigen Veränderungen am Ende des 20. Jh.

flickr.com/Scheu

So viele Sehenswürdigkeiten gibt es in Berlin zu entdecken – und noch unzählige mehr dazu!

Die Trennung in zwei ideologisch verschiedene Hälften, die fast ein halbes Jahrhundert währte, hat deutliche Spuren hinterlassen; seit der Wende entwickeln sich West und Ost mit eigenem Temperament.

Dem in ganz Deutschland bekannten Humor der Berliner haben die unterschiedlichen Geschicke nie Abbruch getan, und seit dem Fall der Mauer ist die Stadt lebenssprühender und zuversichtlicher denn je. Die Einwohner selbst sind ein Erlebnis; sie haben trotz stürmischer Zeiten stets ihre bewundernswerte Eigenständigkeit, ihren Mut und ihren schlagfertigen Witz – die sprichwörtliche »Berliner Schnauze« – bewahrt. Wenn auch die Deutschen häufig als kühl und gefühllos gelten, so bewiesen die Berliner das Gegenteil, als sie am 9. November 1989 voller Überschwang und guter Laune die »Schandmauer« stürmten.

Seit der Wende machen auch Polen, Russen und andere Bürger ehemaliger Sowjetrepubliken einen bedeutenden Teil der Berliner Szene aus. Die größte Ausländergemeinschaft stellen aber nach wie vor die Türken mit gut 100 000 Angehörigen, von denen die meisten in Kreuzberg leben.

Der Bauboom der 1990er-Jahre, der nach der Wiedervereinigung einsetzte, geht weiter. Der riesige Potsdamer Platz – während der Mauerjahre trostloses Niemandsland zwischen Ost und West – ist nun ein pompöses Geschäfts- und Vergnügungszentrum. Die alten zentralen östlichen Stadtteile Mitte, Friedrichshain und Prenzlauer Berg entwickeln sich gut mit Boutiquen, Kunstgalerien und Restaurants und bringen etwas von der Ambiance der »Goldenen Zwanziger« zurück.

Berlin ist eine sehr ausgedehnte und überaus abwechslungsreiche Stadt, deren Besuch man gut vorbereiten sollte, wenn man viel sehen und erleben möchte. Mit U-Bahn, S-Bahn oder Doppeldecker-Bussen lassen sich die meist bedeutenden Entfernungen zwischen den Sehenswürdigkeiten leicht bewältigen.

Zentrum

Jahrzehnte der Teilung hatten Berlins historisches Herz zum Niemandsland gemacht, doch mit der Wiedervereinigung kehrte das Leben bald zurück und es ergaben sich vielfältige Chancen für einen Neuanfang.

Das **Brandenburger Tor** im Osten des riesigen Parks Tiergarten war seit seiner Errichtung 1788–91 durch Carl Gotthard Langhans ein Wahrzeichen der Stadt und stets eng mit ihren Geschicken verknüpft. Napoleon und seine Truppen marschierten 1806 durch den Triumphbogen und nahmen die das Bauwerk krönende Quadriga von Johann Gottfried Schadow – eine geflügelte Siegesgöttin, die ein Viergespann lenkt – als Kriegstrophäe mit. (Sie wurde ein paar Jahre später zurückgegeben). Nach 1933 hielten die Nationalsozialisten hier ihre Fackelmärsche ab.

Durch den Kalten Krieg und den Bau der Mauer 1961 stand das Tor dann in Ost-Berlin – ein einsames Sinnbild der geteilten Stadt. Seine erneute Öffnung für Fußgänger im Dezember 1989 bedeutete, dass der Traum der Wiedervereinigung in Erfüllung gegangen war.

Nördlich des Brandenburger Tors steht der **Reichstag**, 1884 von Paul Wallot entworfen und gemäß der Inschrift oben an der Fassade »Dem Deutschen Volke« gewidmet. Nachdem er den Brand von 1933 und die Bombenangriffe des Zweiten Weltkriegs überdauert hatte, nahm der klassizistische Bau am 3. Oktober 1990 als Rahmen für den Staatsakt zur deutschen Einheit seine demokratische Bestimmung erneut auf. Seit September 1999 ist er wieder Sitz des Bundestags.

Publikumsmagnet ist die von Norman Foster geschaffene 23 m hohe **Kuppel** aus Stahl und Glas: Sie ist gleichzeitig spektakuläre Aussichtsplattform und gewährt jedermann einen Einblick in den Sitzungssaal den Deutschen Bundestags.

2005 wurde das **Denkmal für die ermordeten Juden Europas** nahe dem Brandenburger Tor eingeweiht. Zu dem vom Amerikaner Peter Eisenman entworfenen friedhofartigen Feld von 2711 Stelen auf 19 000 m^2 gehört auch ein unterirdischer Ort der Information.

Der **Potsdamer Platz** südlich der Holocaust-Gedenkstätte war in den 1920er-Jahren einer der belebtesten Teile der Stadt, wurde im Zweiten Weltkrieg völlig zerstört und lag dann brach. Nach 1990 verwandelte er sich in die größte Baustelle Europas. Luxushotels und Wohnblocks, Bürotürme und Einkaufszentren sind hier aus dem Boden geschossen.

Unter den Linden

Der **Boulevard Unter den Linden** verläuft vom Brandenburger Tor nach Osten. Er entwickelte sich rasch zu Berlins Prachtallee; sie war der Dreh- und Angelpunkt der Hauptstadt Friedrichs des Großen und wurde für Adel und Großbürgertum zur angesehensten Adresse der Stadt, bis die Bomben des Zweiten Weltkriegs sie fast völlig in Schutt und Asche legten. Seither sind jedoch neue Linden angepflanzt und viele Baudenkmäler wieder aufgebaut oder instand gesetzt worden.

Westlich der Kreuzung mit der Friedrichstraße reihen sich Banken, Ministerien, Botschaften und Luxushotels. In einer Niederlassung von **Madame Tussauds** nahe dem Brandenburger Tor kann mit den Wachskopien insbesondere deutscher Berühmtheiten auf Tuchfühlung gehen.

Ostwärts kommen Sie an der **Staatsbibliothek** vorbei schräg gegenüber auf der südlichen Straßenseite besitzt das **Guggenheim-Museum** eine Filiale.

Dieser Block grenzt an den unter Friedrich dem Großen geplanten eindrucksvollen Gebäudekomplex des **Forum Fridericianum**. Dazu gehört auch das Prinz-

istockphoto.com/Machhaus

istockphoto.com/Schuster

Jahrzehntelang Symbol des geteilten Deutschlands. | Das Denkmal für die ermordeten Juden Europas.

Heinrich-Palais an der Nordseite der Straße Unter den Linden, das der »Alte Fritz« 1748 in klassizistischem Stil für seinen Bruder erbauen ließ, das Hauptgebäude der 1810 gegründeten **Humboldt-Universität**, zu deren Professoren und Studenten die Gebrüder Grimm, Hegel, Engels, Marx und Einstein zählten.

Teile des Forums sind südlich gegenüber am Bebelplatz die sanft geschwungene Barockfassade der **Alten Bibliothek**, die klaren klassischen Linien der **Staatsoper**

Unter den Linden Georg von Knobelsdorffs und der vom selben Architekten nach dem Vorbild des Pantheons in Rom entworfene runde Kuppelbau der katholischen **St.-Hedwigs-Kathedrale**.

Vom Bebelplatz in südlicher Richtung ist es nur ein kurzer Weg zum **Gendarmenmarkt** mit seinem Gebäudeensemble, einem der am erfolgreichsten restaurierten Teile der Stadt. Der Platz ist von zwei symmetrischen, barocken Gebäuden aus dem 18. Jh. gerahmt: an der Nordseite vom **Französischen Dom**, der für die nach Berlin geflohenen Hugenotten errichtet wurde, an der Südseite vom **Deutschen Dom**.

Alexandra Achermann

Marlene Dietrich war die erste deutsche Filmschauspielerin, die es in Hollywood zu durchschlagendem Erfolg brachte. Sie kam 1901 als Tochter eines Polizisten im heutigen Schöneberg zur Welt und änderte bereits mit 11 Jahren ihren Vornamen von Maria Magdalena in Marlene um. Ihr Violinstudium gab sie zugunsten des Theaters auf; schon 1921 spielte sie unter Regie von Max Reinhardt. Nach mehreren Nebenrollen in Stummfilmen wurde Josef von Sternberg auf sie aufmerksam und bot ihr die Rolle der Sängerin und Tänzerin Lola in seinem Film *Der Blaue Engel* (1929) an. Der in englischer und deutscher Sprache gedrehte Film verhalf Marlene Dietrich zu internationaler Berühmtheit; bekannt wurde vor allem das Lied *Ich bin von Kopf bis Fuß auf Liebe eingestellt.*

Nach 1930 emigrierte sie mit Sternberg nach Hollywood, wo sie in Filmen von Hitchcock, Lubitsch, Welles und Wilder spielte. Marlene Dietrich stand auf dem Höhepunkt ihrer Karriere, als Josef Goebbels sie einlud, in Deutschland zu arbeiten – sie wies das Angebot zurück, nahm die amerikanische Staatsbürgerschaft an und trat im Zweiten Weltkrieg als Sängerin für die in Europa kämpfenden US-Soldaten auf. Als sie 1960 bei einer Europatournee nach Berlin zurückkehrte, wurde sie von einigen Zuhörern des »Vaterlandsverrats« bezichtigt. Sie starb 1992 in Paris, fand jedoch ihre letzte Ruhestätte in Berlin und wurde von ihrer Heimatstadt mit der Schaffung des Marlene-Dietrich-Platzes (nahe den Potsdamer-Platz-Arkaden) geehrt.

Das **Schiller-Denkmal** (1868) aus Carrara-Marmor in der Mitte zeigt den Dichter umringt von den Musen der Poesie, des Schauspiels, der Geschichte und der Philosophie. Es erhebt sich vor Schinkels elegantem Schauspielhaus (heute **Konzerthaus**) mit einer eindrucksvollen ionischen Säulenhalle.

Geht man vom Bebelplatz Unter den Linden entlang Richtung Osten weiter, kommt man zu der mit einem dorischen Säulengang versehenen **Neuen Wache**, die Schinkel in klassizistischem Stil entwarf. Sie ist heute eine Gedenkstätte für die Opfer von Krieg und Gewaltherrschaft. Im Mittelpunkt des Baus steht eine *Pietà* von Harald Haacke, die von einem Werk Käthe Kollwitz' inspiriert ist.

Das elegante **Zeughaus** (ehemals das Arsenal der preußischen Armee) gleich daneben, Berlins erstes Barockgebäude, wurde 1695 von Johann Nering entworfen und beherbergt das eindrucksvoll gestaltete **Deutsche Historische Museum** mit Sammlungen vom Mittelalter bis zur Neuzeit. Der spektakuläre Anbau des Architekten I. M. Pei wurde 2003 eröffnet.

Im 19. Jh. geschaffene Statuen von Kriegern und Siegesgöttinnen zieren die **Schlossbrücke**, die den Kupfergraben überquert; dieser umschließt zusammen mit der Spree die **Spreeinsel**, auf der sich in früheren Jahrhunderten einige der kostbarsten Bauten der Stadt, wie das Schloss und die Museumsinsel, befanden.

Der einstige Palast der Republik auf dem **Schlossplatz** wurde zwischen 2006 und Ende 2008 schrittweise abgerissen. An seiner Stelle soll das im Zweiten Weltkrieg zerbombte und später von der DDR-Regierung gesprengte **Berliner Stadtschloss** als »Humboldt-Forum« originalgetreu wieder aufgebaut werden; die Bauarbeiten dazu sind seit Juni 2012 im Gange.

Der pompöse neubarocke **Berliner Dom** (1894–1905 erbaut) birgt in seiner Gruft 94 Sarkophage der Hohenzollern. Einen schönen Ausblick genießt, wer die 270 Stufen zur Kuppel hinaufsteigt.

Museumsinsel

Im nördlichen Teil der Spreeinsel finden Sie Berlins ältesten Museenkomplex, eine UNESCO-Weltkulturerbestätte. Einige der Bauten sind an sich schon architektonische Schmuckstücke. Bis 2015 sollen die fünf Museen modernisiert, und durch die unterirdische **»Archäologische Promenade«** miteinander verbunden und zum weltweit größten Universalmuseum für Weltkulturen und -kunst ausgebaut werden.

Das **Alte Museum** am Südende ist das älteste in Berlin und gilt

Die wohl bekannteste »Berlinerin«: Nofretete-Büste im Neuen Museum.

als Schinkels schönster Bau. Das gewaltige Gebälk der Fassade ist von 18 ionischen Säulen gestützt. Hier gibt es insbesondere Werke der griechischen Antike zu bewundern.

Das unter der Leitung des Briten David Chipperfield wieder erbaute, und 2009 eröffnete **Neue Museum** beherbergt die ägyptische Sammlung der Stadt Berlin. Es handelt sich dabei um eine der größten Sammlungen außerhalb Ägyptens mit Skulpturen, Fragmenten von Pyramiden und Hieroglyphentafeln usw. Zu den Glanzpunkten gehören die Büste der Königin Nofretete (1340 v. Chr.) und der nach seiner Gesteinsfarbe benannte Berliner Grüne Kopf (500 v. Chr.).

Der vieflügelige Komplex des **Pergamonmuseums** mit antiker, islamischer und vorderasiatischer Kunst ist nach seinem bekanntesten Besitz benannt, dem monumentalen hellenistischen Pergamonaltar (2. Jh. v. Chr.) aus der heutigen Türkei. Ebenso eindrucksvoll sind das leuchtend blaue Ischtar-Tor und die babylonische Prozessionsstraße mit Reliefs von Löwen und Fabelwesen (6. Jh. v. Chr.).

Im Südflügel des Islamischen Museums ist die großartige, mit filigranen Tier- und Pflanzendarstellungen verzierte Fassade des Mschatta-Wüstenpalastes (8. Jh.) aus dem Gebiet des heutigen Jordanien zu bewundern.

In der **Alten Nationalgalerie**, einem klassizistischen Tempel von 1876 am westlichen Spreeufer, werden bedeutende Kunstwerke des 19. Jh. gezeigt, u. a. von Caspar David Friedrich, Menzel, Liebermann, Feuerbach, Böcklin, sowie Cézanne, Manet und Rodin.

Am nördlichsten Punkt der Insel lädt das **Bode-Museum** zu einem Rundgang durch die Skulpturensammlung, das Museum für Byzantinische Kunst, das Münzkabinett sowie eine Abteilung der Gemäldegalerie ein.

Ab 2017 wird die moderne **James Simon Galerie** am Kupfergraben den Eingangsbereich zum Museumskomplex darstellen.

Alexanderplatz und Nikolaiviertel

Nach so vielen kostbaren Kunsttempeln bietet sich Ihnen jenseits der Spree, östlich der Museumsinsel, ein überraschender Anblick: ein weitläufiges, den Fußgängern vorbehaltenes Gelände mit dem hoch aufragenden Fernsehturm, eine schlichte gotische Kirche und nach Südosten hin ein leuchtend rotes italianisiertes Bauwerk. Sie sind am »Alex« angelangt, wie die Berliner seit je den **Alexanderplatz** nennen, der einst das unbestrittene Herz der Stadt war.

Die **Marienkirche** aus dem 13. Jh. ist eines der wenigen Gebäude, das der schonungslosen Nachkriegsmodernisierung entging. Das **Rote Rathaus** – heute wieder Sitz des Bürgermeisters – verdankt seinen Namen der Farbe des Steins.

Der **Fernsehturm** übertrumpft den Eiffelturm um 65 m, und in seiner Kugel (auf 205 m Höhe) gibt es eine Aussichtsplattform und ein Drehrestaurant.

Südlich des Alexanderplatzes kommen Sie ins **Nikolaiviertel**, das sich um Berlins älteste Pfarrkirche schart. Nach umfangreichen Baumaßnahmen ist die gotische, mit Zwillingstürmen bestückte **Nikolaikirche** (1230) wieder offen, sie dient als Niederlassung des Märkischen Museums und als Konzertsaal.

Das übrige Viertel erfuhr bereits 1987 zur 750-Jahr-Feier der Stadt eine grundlegende Erneuerung. Zu den wieder erstandenen Bauten in der Gegend um die Kirche zählen die Altberliner Kneipe **Zum Nußbaum** und das stattliche **Ephraimpalais** im Rokokostil. Vom Krieg verschont blieb auch das nach einer Patrizierfamilie benannte, klassizistisch umgestaltete **Knoblauchhaus** (1835).

Rund um den Tiergarten

Tiergarten bezeichnet neben dem zum Bezirk Mitte gehörenden Ortsteil zugleich die riesige Parkanlage mit Baumgruppen, Bootsteichen, Cafés und Denkmälern, die sich westlich des Reichstags quer durch die Stadt zieht.

Das **Hansaviertel**, eine vornehme Wohngegend an der nordwestlichen Seite des Tiergartens, wurde 1957 von den Teilnehmern eines internationalen Architektur-Wettbewerbs wieder aufgebaut. Zu den Preisträgern gehörten der Bauhaus-Gründer Walter Gropius, der Finne Alvar Aalto und der Brasilianer Oscar Niemeyer.

Der große **Zoo** im Südwesten des Parks (Eingang Budapester Straße) hat eine der vielfältigsten Tiersammlungen Europas. Treten Sie durch das farbenprächtige

Elefantentor, und schließen Sie Bekanntschaft mit Elefanten, Riesenpandas und indischen Nashörnern. Knut, der Eisbär, steht nun ausgestopft im Naturkundemuseum…

In der Mitte des Parks ragt am Großen Stern die **Siegessäule** auf – ein 1873 errichtetes patriotisches Denkmal zur Erinnerung an die preußischen Siege über Dänemark, Österreich und Frankreich. Wenn man die 285 Stufen hinaufsteigt, bietet sich von der Aussichtsplattform ein herrlicher Rundblick.

Schloss Bellevue nördlich der Siegessäule, ein eleganter Palast des 18. Jh., dient jetzt als Amtssitz des Bundespräsidenten.

Im Haus der Kulturen der Welt, das die Berliner wegen seines gewölbten Dachs salopp die »Schwangere Auster« nennen, präsentieren sich vor allem außereuropäische Länder mit Ausstellungen, Theater, Musik usw. Von hier bis zum Reichstag erstreckt sich das neue **Regierungsviertel**. Unübersehbar ist das **Bundeskanzleramt** (2001); die Arbeitszimmer der Kanzlerin befinden sich im neunstöckigen Leitungsbau.

Unmittelbar südlich der Siegessäule steht am Landwehrkanal das **Bauhaus-Archiv**, das nach Plänen von Walter Gropius 1978 vollendet wurde. Zu finden ist hier neben anregenden Wechselausstellungen eine umfangreiche

Currywurst. In einer stürmischen Nacht des Jahres 1949 wurde an einem Imbissstand Ecke Kantstraße und Kaiser-Friedrich-Straße von Herta Heuwer die Currywurst kreiert – schlicht und einfach Bratwurst mit einer scharfen Sauce aus Ketchup, Chili, Paprika, Worcester-Sauce und großen Mengen Currypulver. Diese heute als Berliner Delikatesse geltende Erfindung wurde bald zum Erfolg; heute verkauft man pro Jahr 800 Millionen Currywürste. Frau Heuwer, die in der Kantstraße 101 sogar eine Gedenktafel erhielt, ließ ihr Rezept in München patentieren. Der herzhafte Imbiss wird von angesehenen Bürgern und Proletariern gleichermaßen geschätzt. Neuerdings ist dem Berliner Wurst-Snack an der Schützenstraße 70 sogar ein Museum gewidmet.

Florence Minder

Sammlung zur Geschichte der 1919 in Weimar gegründeten und 1933 von den Nationalsozialisten aufgelösten Kunst-, Architektur- und Gestaltungsschule, die zu den einflussreichsten des 20. Jh. gehört. Ausgestellt ist eine Auswahl von Bauhaus-Kreationen: Stühle und Tische, Teekannen, Tassen, und Modelle eigenwilliger Bauprojekte, wie etwa Mies van der Rohes nie verwirklichter 30-stöckiger kleeblattförmiger Wolkenkratzer aus Glas.

Kulturforum

Das Kulturforum an der Potsdamer Brücke beim Tiergarten ist ein Komplex aus Museen, deren Schätze man tagelang bewundern kann. Dazu gehört die von Mies van der Rohe gestaltete **Neue Nationalgalerie** aus Glas und schwarzem Stahl mit Wechselausstellungen zur modernen Kunst im Erdgeschoss und einer Dauerausstellung in den darunter gelegenen Galerien; die wundervolle Sammlung zur europäischen Malerei und Bildhauerei des 20. Jh. umfasst insbesondere Werke deutscher Expressionisten – neben frühen Arbeiten der Künstlergruppen »Brücke« und »Blauer Reiter« eindringliche Gemälde von Otto Dix und George Grosz.

Im **Kunstgewerbemuseum** mit Sammlungen vom Mittelalter bis zur Gegenwart finden Sie u. a. den berühmten Welfenschatz mit Goldschmiedekunst des 11. bis 15. Jh., das Lüneburger Ratssilber (15./16. Jh.) sowie Porzellan, Keramik und Mobiliar aus Renaissance, Barock, Rokoko bis zu Jugendstil und Art déco. In der »Neuen Sammlung» im Untergeschoss sind zudem Bauhaus-Möbel, Schmuck und moderne Keramik zu sehen.

Die Sammlungen europäischer Kunst aus dem 13. bis 18. Jh. der **Gemäldegalerie** zählen zu den bedeutendsten der Welt. Schwerpunkt ist die altdeutsche und niederländische Malerei. Zu den Schätzen gehören u. a. Werke von Altdorfer, Cranach dem Älteren, Vermeer und van Eyck. Die italienische Renaissance ist mit Giotto, Mantegna, Raffael, Tizian und Botticelli vertreten.

Weiter gehören zum Kulturforum die **Staatsbibliothek**, in der auch viele Ausstellungen und Konzerte veranstaltet werden, die **Kunstbibliothek** und das **Kupferstichkabinett** sowie die zeltförmige ocker- und goldfarbene **Philharmonie** Hans Scharouns, die Heimstatt der Berliner Philharmoniker.

Charlottenburg

Hauptader und touristische Flaniermeile des Ortsteils Charlottenburg ist der berühmte **Kurfürstendamm**, an dem sich schicke Läden, Restaurants und Cafés, Kunstgalerien, Theater und Kinos aneinanderreihen.

Das **Käthe-Kollwitz-Museum** in der Fasanenstraße 24, einer Querstraße des Kurfürstendamms, zeigt Zeichnungen und Skulpturen dieser bedeutenden expressionistischen Künstlerin (1867–1945), die während vieler Jahre mit ihrem Mann, dem Arzt Karl Kollwitz, ein Haus in Prenzlauer Berg bewohnte.

Nördlich des Ku'damms, wie ihn die Berliner nennen, wird am **Savigny-Platz** in Lokalen mit internationaler Kost für Ihr leibliches Wohl gesorgt.

Nahe dem Bahnhof Zoologischer Garten ist im **Museum für Fotografie** der Nachlass des in Berlin geborenen weltberühmten Fotografen Helmut Newton zu sehen, interessante Wechselausstellungen bereichern das Programm.

Am Ostende des 3,5 km langen Ku'damms gelangen Sie zum **Breitscheidplatz**, einem beliebten Ort, um den Straßenkünstlern und Musikanten rund um Joachim Schmettaus **Weltkugelbrunnen** zuzusehen.

Die Ruine der **Kaiser-Wilhelm-Gedächtniskirche** hat man als mahnende Erinnerung an Bombenangriffe und Artilleriebeschuss des Zweiten Weltkriegs stehen lassen. Die moderne achteckige Kirche Egon Eiermanns neben dem Turmstumpf bildet einen starken Kontrast; ins Innere fällt durch Buntglasfenster blaues Licht.

Hinter der Kirche erhebt sich zwischen Tauentzien- und Budapester Straße das 22-stöckige **Europa-Center**. Außer zahllosen Geschäften, einem Hotel, einem Spielkasino, einem Kabarett, Diskos und Restaurants hat es auch ein Dachcafé mit einer schönen Aussicht auf die Stadt. Ein Einkaufsparadies ist das **KaDeWe** (Kaufhaus des Westens) in der Tauentzienstraße.

Das sorgfältig restaurierte **Schloss Charlottenburg** im Osten des Stadtteils ist ein repräsentatives Beispiel für Architektur und Dekor des preußischen Barocks und Rokokos und heute das einzige große Hohenzollernschloss der Stadt. Es wurde 1695 als Sommerresidenz für Sophie Charlotte, Gemahlin des späteren Königs Friedrich I., erbaut und war die bevorzugte Berliner Unterkunft Friedrichs des Großen, wenn er sein geliebtes Potsdam verlassen musste. Das ursprüngliche Bauwerk wurde im 18. Jh. um einen Flügel, einen Kuppelturm, eine Orangerie und andere Bauten erweitert.

Um die anmutige Rokoko-Atmosphäre des 18. Jh. wieder aufleben zu lassen, hat man im Krieg zerstörte oder abhanden gekommene Möbel durch Stücke aus anderen preußischen Schlössern ersetzt. Die Welt der Hohenzollern steht zur Besichtigung frei – nur für Friedrichs I. und Sophie

Charlottes Privatgemächer müssen Sie sich einer Führung anschließen.

Glanzvollstes Werk im Knobelsdorff-Flügel ist die elegante **Goldene Galerie** mit vergoldetem und grünem Marmor. Sie führt in das Konzertzimmer, in dem acht Gemälde von Watteau hängen. Der Schlosspark vereint strenge französische mit »natürlicher« englischer Gartenarchitektur. Im **Belvedere** ist königliches Porzellan zu sehen.

Im westlichen Stülerbau gegenüber dem Schloss präsentiert das **Museum Berggruen** bedeutende Werke von Picasso und seinen Zeitgenossen, darunter Matisse, Klee, Giacometti und Braque.

Unmittelbar daneben widmet sich das **Bröhan-Museum** mit einer Sammlung von Mobiliar, Tafelsilber und Glaswaren den Stilrichtungen Jugendstil, Art déco und Funktionalismus.

Im östlichen Stülerbau kann man seit 2008 die **Sammlung Scharf-Gerstenberg** besichtigen, die mit hochkarätigen Werken von Surrealisten und deren Vorläufern (Goya, Piranesi, Dalí, Magritte) beeindruckt.

Kreuzberg

Künstler, Studenten und die größte türkische Gemeinde außerhalb der Türkei haben sich im Szeneviertel Kreuzberg niedergelassen. Der **Türkische Markt**, der sich jeden

Huber/Lawrence

Mahnmal gegen den Krieg: die Kaiser-Wilhelm-Gedächtnis-Kirche.

Dienstag und Freitag von 11 bis 18.30 Uhr am Südufer des Landwehrkanals (Maybachufer) ausbreitet, gleicht mit seiner Auslage an Gewürzen, Obst, Fisch, Stoffen und Haushaltswaren einem Basar in Istanbul.

Äußerst sehenswert ist das **Jüdische Museum** (U-Bahn Hallesches Tor). Das von Daniel Libeskind geschaffene Gebäude ist nüchtern und ausdrucksstark: ein verlängerter Zickzack-Bau in Form eines verzerrten Davidsterns mit engen Fensterschlitzen in den hohen grauen Wänden. Die ständige

Hohenzollern-Kultur in Reinform: Barockschloss Charlottenburg.

Ausstellung zeichnet mit Kunst, Gegenständen, Fotografien und Dokumenten die Geschichte des jüdischen Lebens in Berlin und Deutschland nach.

Die **Berlinische Galerie**, eines der experimentierfreudigsten Museen der Stadt, liegt nur wenige Schritte östlich des Jüdischen Museums. Hier wird in Berlin entstandene Kunst von 1870 bis zur Gegenwart gezeigt.

Prenzlauer Berg

Ostberlins ehemaliges Arbeiterviertel Prenzlauer Berg, meist Prenzlberg genannt, ist heute ein Musterbeispiel für die weltoffene Lebensweise der Stadt. Beginnen Sie Ihren Rundgang bei der avantgardistischen **Volksbühne** am Rosa-Luxemburg-Platz.

Nördlich davon sind viele der Bauten rund um die **Schönhauser Allee** – Hauptverkehrsader des Prenzlbergs – saniert worden. Auf dem **Jüdischen Friedhof** (Nr. 23–25) haben u. a. Max Liebermann, Giacomo Meyerbeer und Leopold Ullstein ihre letzte Ruhestätte.

Der **Kollwitzplatz** östlich des Friedhofs, benannt nach der Bildhauerin Käthe Kollwitz und ihrem Mann, hat sich in ein fröhlich-trendiges Gegenstück zum Savignyplatz entwickelt. Cafés im Freien, italienische, griechische, elsässische und russische Restaurants verleihen ihm und der Umgebung ein kosmopolitisches Gepräge. In den Seitenstraßen schießen Galerien und Ateliers aus dem Boden.

Die wichtigste Ostberliner **Synagoge** befindet sich in der Rykestraße 53 in einem Hinterhof. Sie wurde 1938 von der Brandstiftung verschont, weil in den benachbarten Häusern Nazifunktionäre wohnten.

Die **Kulturbrauerei** (Nr. 36–39, Eingang Knaackstraße 97), ein roter Backsteinbau, ist in einen Veranstaltungsort mit Kino, Theater, Galerien und Räumen für verschiedenste Anlässe umgestaltet worden.

Weiter nördlich (die Stargarder Straße hinauf) steht die **Gethsemane-Kirche**, die 1989 ein Mittelpunkt der »revolutionären« Aktivitäten zur Umgestaltung der DDR war.

Dahlem

Der Museumskomplex in der Nähe der U-Bahn-Station Dahlem-Dorf vereint verschiedene Sammlungen unter einem Dach. Reich bestückt und sehenswert gestaltet sind das **Ethnologische Museum** mit Exponaten aus Amerika, Afrika und der Südsee, das kürzlich renovierte Museum **Europäischer Kulturen** und das **Museum für Asiatische Kunst**, das Ende 2006 aus den vorherigen Museen für Indische und Ostasiatische Kunst gebildet wurde.

Das **Brücke-Museum** am Rand des Grunewalds ist eine bedeutende Stätte des Expressionismus. Es entstand 1967 dank einer Schenkung Karl Schmidt-Rottluffs, der zur Gruppe expressionistischer Maler »Die Brücke« gehörte. Diese Vereinigung wurde 1905 von Künstlern gegründet, die sich gegen den erstickenden akademischen Stil im Deutschland Kaiser Wilhelms auflehnten. Die kühnen Gemälde des Stifters hängen neben Werken seiner Weggefährten Heckel, Kirchner, Pechstein und Nolde.

Erfolgsstory in Rot-Grün. Die netten **Ampelmännchen** sind zum Verkaufsschlager geworden; man sieht sie auf T-Shirts, Lampen, Vasen, Schirmen, Flaschenöffnern, Süßigkeiten usw. Nach der Wiedervereinigung 1990 sollte das Ost-Ampelmännchen – wie viele weitere DDR-Symbole – durch sein westliches Pendant ersetzt werden. Es kam jedoch zu Initiativen, die sich für die Erhaltung der 1961 kreierten beliebten Figur einsetzten, und mithilfe des Unternehmers Markus Heckhausen, der das Potenzial der Ikone erkannt hatte, und seines Urhebers Karl Peglau konnte das Ost-Ampelmännchen gerettet werden. Die ersten Ampelmann-Lampen wurden 1996 verkauft, ein erstes Geschäft öffnete 2001 in den Hackeschen Höfen. Inzwischen gibt es in Berlin fünf Läden und ein Ampelmann-Restaurant. Seit 2005 werden nun auch in den westlichen Stadtteilen Berlins die Ampeln mit Ost-Ampelmännchen ausgestattet.

Alexandra Achermann

Tausende von Kranichen aus Skandinavien beziehen jeden Herbst ihr Winterquartier in Mecklenburg-Vorpommerns Feuchtgebieten.

istockphoto.com/Karock

ELDE, MÜRITZ UND OBERE HAVEL

Unzählige Seen haben die Eiszeiten in Mecklenburg-Vorpommern und Brandenburg hinterlassen, zahllose Flüsschen durchziehen das nur sanft gewellte, bevölkerungsärmste Gebiet Deutschlands. Im 18. und 19. Jh. wurde ein Wasserstraßennetz geschaffen, das Mecklenburgs Hauptstadt Schwerin mit den Großstädten Berlin und Hamburg verband.

Der Natur auf der Spur

Doch diese Entwicklung kam eigentlich zu spät, denn das Eisenbahnzeitalter überrollte die Kanal-Euphorie. Allerdings erweisen sich die schmalen Kanäle und Flussstrecken durch das wenig besiedelte Land heute als äußerst attraktiv für die Freizeitschifffahrt. Reizende Städtchen und Dörfer unterbrechen das Grün der Wiesen und Wälder – viele Gebiete stehen hier unter Naturschutz, und entlang dem Ostufer des größten Sees erstreckt sich der Müritz-Nationalpark.

Die Müritz-Elde-Wasserstraße

Ab dem Elbkilometer 504 beim Städtchen **Dömitz** können Schiffe bergwärts über die Müritz-Elde-Wasserstraße zur Mecklenburgischen Seenplatte gelangen. Rund 49 Höhenmeter sind dabei mittels 17 kleiner **Schleusen** zu überwinden; die kürzeste von ihnen ist nur rund 40 m lang.

Durch das karge »graue« Sandgebiet der »Griesen Gegend« führt der Kanal entlang dem Lauf der Elde. Hier liegen Kleinodien wie die Kreisstadt **Ludwigslust**, einst herzogliche Residenz. Hier sind barocke und klassizistische Häuser erhalten: Das einmalige städtebauliche Ensemble gehört zu den wertvollsten und besterhaltenen Anlagen des 18. und 19. Jh. in Norddeutschland.

»Lu'lu«, wie die Einheimischen sie liebevoll nennen, steht unter Denkmalschutz. Von 1756 bis 1837 residierten hier die Herzöge von Mecklenburg-Schwerin. Im Auftrag von Herzog Friedrich baute Johann Joachim Busch das repräsentative Schloss, die Stadtkirche und den größten Teil des Stadtkerns.

Vieles am üppigen Prunk der Inneneinrichtungen besteht statt aus teuren Materialien nur aus Pappmaché, täuschend echt bemalt oder vergoldet – und sehr leicht. Dieses preiswerte und doch so exquisit aussehende Dekor war bald auch anderswo gefragt. Daher etablierte sich 1765 in Ludwigslust eine florierende Pappmaché-Manufaktur, die bis 1817 »Ludwigsluster Carton« produzierte, insbesondere die begehrten Büsten berühmter Persönlichkeiten.

Auch in der Kirche, wo es ein riesiges Altarbild zu bewundern gibt, verwendete der Baumeister dieses Material. Der weitläufige Schlosspark mit eigenwilligen Barockbauten, Wasserspielen und exotischen Bäumen lädt zum Flanieren ein.

Grabow direkt am Kanal ist ein hübsch herausgeputztes Fachwerkstädtchen, das 1252 gegründet wurde, aber nach einem Stadtbrand 1725 ein neues Aussehen erhielt. Die Vorfahren des Schriftstellers Thomas Mann kamen von hier, das Heimatmuseum widmet ihnen eine eigene Abteilung.

Neustadt-Glewe glänzt mit der ältesten Backsteinburg Mecklenburgs. Bereits bei der Stadtgründung im Jahr 1248 gab es sie, aber sie erhielt erst vom 14. bis 16. Jh. ihre trutzige Form mit Bergfried.

Nach 56 km auf dieser beschaulichen Kanalstrecke macht die Bergfahrt auf der Müritz-Elde-Wasserstraße einen deutlichen Knick nach Osten, nahe dem **Jagdschloss Friedrichsmoor**, das der jagdbegeisterte Herzog Friedrich Franz I. 1780 errichten ließ.

Schwerin

Von Friedrichsmoor verläuft aber auch nach Nordwesten ein Wasserweg: Hier fließt der **Störkanal** durch die fruchtbare Senke »Lewitz« und mündet nach 20 km in den **Schweriner See**; bald erblickt man die Türme von Schwerin (95 000 Einwohner).

An sieben Seen (im ganzen Stadtgebiet sogar zwölf!) in sanft hügeliger Landschaft liegt die überaus repräsentative Landeshauptstadt Mecklenburg-Vorpommerns. Über Jahrhunderte war sie Residenzstadt der Mecklenburgischen Grafen, Herzöge und Großherzöge, vor ihnen siedelten hier Slawenfürsten.

Auf dem Inselchen zwischen dem größten, dem Schweriner See, und dem kleinen Burgsee steht das **Schloss**, das Hofbaumeister Georg Adolf Demmler für den mecklenburgischen Großherzog Friedrich Franz II. 1845–57 umbaute und in dem heute der Landtag sitzt. Demmler musste die Bauten des 16. und 17. Jh. einbeziehen; seine Ideen für das neue, fünfflüglige Schloss holte er sich an der Loire vom Château Chambord.

Abwechslungsreich und voller schöner Ausblicke ist der kleine **Burggarten**, der den eleganten Bau umgibt; eine Brücke nach Süden führt in den symmetrisch angelegten Schlossgarten. Eine zweite verbindet das Schloss und den **Platz Alter Garten**, der als Freilichtbühne während der Schlossfestspiele genutzt wird; als stilvolle Kulisse dienen dazu – außer Seenlandschaft und Schloss – der Fachwerkbau **Altes Palais** und die klassizistischen Bauwerke **Staatstheater** und **Staatliches Museum**. Dieses

Archiv Stadtmarketing Gesellschaft Schwerin mbH

Die Schlossinsel. Im 11. Jh. war die Gegend am südlichen Schweriner See vom slawischen Stamm der Obotriten besiedelt und trug den Namen Suarin, was so viel wie »Tierort« heißt. Schon damals gab es eine Burg auf der kleinen, ufernahen Insel, die heute vom Schloss eingenommen wird. Die slawische Festung war im 12. Jh. Sitz des Obotritenfürsten Niklot, der 1160 im Kampf gegen Heinrich den Löwen fiel. Dieser gründete eine Stadt mit Bischofssitz am Standort des besiegten Gegners und verwendete dabei den früheren Namen: **Schwerin.** Als sich sieben Jahre später Niklots Sohn Pribislaw taufen ließ, belehnte ihn Heinrich sogar mit dem einstigen Obotritenland. Schließlich sorgte Heiratspolitik auch noch für verwandtschaftliche Bindung beider: Borwin, Pribislaws Sohn, heiratete Mathilde, Heinrichs Tochter. Und damit begann die mecklenburgische Dynastie, deren politische Macht erst 1918 zu Ende ging. Die Linie der mecklenburgischen Grafen, Herzöge und Großherzöge lässt sich bestens in der Ahnengalerie des Schweriner Schlosses nachvollziehen – wobei die Antlitze aus der Zeit vor dem 16. Jh. von Künstlern des 19. Jh. nachempfunden wurden. Das Schloss mit seinen Prunkräumen dient heute aber nicht nur musealen Zwecken, sondern ist auch Sitz der Landesregierung Mecklenburg-Vorpommerns.

zeigt die beachtlichste Kunstsammlung des Bundeslandes mit besonders hervorragenden Werken der niederländischen und flämischen Malerei des 17. Jh.

Nur ein paar Schritte weiter liegt das Zentrum der **Altstadt**, die 1651 durch einen Brand nahezu zerstört wurde. Nun reihen sich hier Schmuckstücke aus dem 18. und 19. Jh. aneinander. Auffallend sind die vielen Fachwerkbauten, wie das **Rathaus** (1654), dem Baumeister Demmler im 19. Jh. eine Fassade im Tudorstil vorblendete.

Formvollendete Backsteingotik zeigt der **Dom** (Bauzeit 1270–1420) mit dem im 19. Jh. auf 117 m erhöhten Turm; im Innern sind vor allem ein Bronzetaufbecken (14. Jh.), der gotische Kreuzaltar und zwei Grabmäler (16. Jh.) zu bewundern.

Verzahnt mit der Altstadt ist heute die im 18. Jh. geplante **Schelfstadt** mit stillen Gässchen und der Schelfkirche, ein für die Gegend bedeutendes Beispiel sakraler Barockarchitektur. An beide Stadtteile grenzt als ruhender Pol der lang gestreckte **Pfaffenteich**.

Mecklenburgs Nationaldichter. In seiner Studienzeit in Rostock und Jena wurde **Fritz Reuter** (1810–74) die Mitgliedschaft in einer studentischen Verbindung zum Verhängnis: Das Mitsingen eines gegen den König gerichteten Lieds trug ihm die Todesstrafe ein. Zwar wurde das 1834 gefällte Urteil in 30-jährige Festungshaft umgewandelt, aber es zeigt die unnachgiebige Verfolgung sogenannter Demagogen durch die damalige preußische Gerichtsbarkeit. Nach mehreren Jahren härtester Haftbedingungen in preußischen Gefängnissen wurde Reuter in der mecklenburgischen Festung Dömitz interniert, bis ihn Friedrich Wilhelm IV. 1840 begnadigte. Seine Jugend, die Haftzeit, die Tätigkeiten als »Strom« (landwirtschaftlicher Volontär) und als Lehrer brachten ihn mit vielerlei Menschen zusammen, die er genauestens studierte. Seine Gedichte, Erzählungen und Romane sind überwiegend in mecklenburgischer Mundart verfasst und fanden wegen ihres lebensnahen, humorvollen Stils schon zu seinen Lebzeiten großen Anklang. Für die Nachwelt ist Reuter ein authentischer Berichterstatter seiner Zeit, seine Geschichten wie z. B. *Dörchläuchting* (Durchlaucht) sind Spiegel des Verhältnisses von Adel und Volk.

wikimedia.org/Deutsche Post AG

Durch die Oberseen

Von Schwerin geht es zurück zur Elde, die bei km 56 von Osten her fließt, aus der Richtung der Mecklenburgischen Seenplatte.

Im Grenzgebiet zur Mark Brandenburg wurden Städte häufig an früheren Verteidigungsburgen gegründet, so auch im Falle von **Parchim**, das im 12. Jh. eine Burg besaß und aus zwei Stadtkernen besteht. In der Altstadt von 1226 hat die große Georgenkirche einen Backstein-Hallenbau, der erst im 15. Jh. fertig wurde; die nur eine Generation jüngere Neustadt glänzt mit der früher vollendeten Marienkirche. Einige der Fachwerkhäuser stammen noch aus dem 16.–17. Jh.

Auch die Eldenburg in **Lübz** diente ursprünglich der Verteidigung – das märkische Grenzgebiet lag gleich südlich der Stadt. Das später an der Stelle der Burg errichtete Schloss diente 1547–1634 als Witwensitz mecklenburgischer Herzoginnen. Der Bergfried, heute Amtsturm genannt, ist Wahrzeichen und Stadtmuseum zugleich. Am bekanntesten ist die Stadt durch ihr Bier, das »Lübzer«.

Im alten Handelsstädtchen **Plau**, ausgestattet mit einer altertümlichen Hubbrücke über die Elde, ist die letzte Schleuse erreicht. Der Fluss verlässt den **Plauer See** im Westen und fließt von der Müritz hierher schleusenfrei durch die sieben sogenannten Oberseen. Eine stille, waldreiche Naturlandschaft durchfährt man hier; nur wo man auf dem langgestreckten **Petersdorfer See** die Autobahn Berlin-Rostock unterquert, kann man sich an städtische Hektik erinnert fühlen.

Bald darauf erreicht man ein Juwel unter den Städten der Seenplatte: **Malchow** am gleichnamigen See. Die Zeiten, als Malchow ab dem 19. Jh. wegen seiner Färbereien, Woll- und Teppichproduktion als »Manchester Mecklenburgs« bezeichnet wurde, sind verflogen.

Seit den 1950er-Jahren waren in der DDR Erholungsgebiete im eigenen Land sehr gesucht – die pittoreske Altstadt auf der kleinen Insel im See und die grüne Umgebung erfüllten die Wünsche der Touristen. Bedeutendstes Bauwerk ist weniger das doppelstöckige Fachwerk-Rathaus am Marktplatz auf der Insel, sondern vielmehr das seit 1298 auf dem Festland bestehende Nonnenkloster, das nach der Reformation in ein adeliges Damenstift umgewandelt und bis 1923 als solches genutzt wurde. Die Anlage mit der neugotischen Kirche wurde im 18./19. Jh. durchgreifend erneuert; sie enthält heute ein Orgelmuseum.

Über die Erholungslandschaften von **Fleesensee** (Ferienanlage und Golfplatz) und **Kölpinsee** ge-

DER MÜRITZ-NATIONALPARK

Am 1.10.1990, zwei Tage vor der deutschen Wiedervereinigung, wurden 313 km^2 seen- und waldreiches Gebiet östlich der Müritz, des größten Sees Norddeutschlands, zum Nationalpark erklärt. Seit 1931 waren kleinere Teile des Gebietes unter Naturschutz gestellt worden, es wurde aber während der Zeit des Nationalsozialismus teilweise als privates Jagdrevier genutzt, während der DDR-Zeit gar als »Staatsjagdgebiet«, das der Öffentlichkeit nicht zugänglich war.

Die beiden Teilgebiete des Parks werden durch einen ca. 10 km breiten Streifen getrennt, in dem die Stadt Neustrelitz liegt. Der Westteil umfasst so unterschiedliche Landschaften wie das überwiegend schilfbestandene Ostufer der Müritz, den Oberlauf der Havel, die hier durch zahlreiche Seen hindurchfließt, oder ausgedehnte Moore und Kiefernforste. Im Ostteil ist das Relief bewegter. Überwiegend Buchenwald bedeckt das hier bis 143 m hohe, von lang

gestreckten Rinnenseen durchzogene Hügelland. Auf dem Gelände liegen 117 Seen, die größer sind als 1 ha; obwohl sie fast alle den Nachwirkungen der letzten Eiszeit entstammen, zeigen sie einen erstaunlichen Artenreichtum: Berühmt ist z. B. der hiesige Wels und die in Mitteleuropa fast ausgestorbene Sumpfschildkröte. Ideal ist das Gebiet für Vögel: Besucher können damit rechnen, See- und Fischadler zu beobachten. Fischadlerhorste liegen gut sichtbar im Westteil des 200 km langen Müritz-Wanderwegs, der den gesamten Park erschließt. Zudem sind zahlreiche kürzere Wanderstrecken ausgeschildert.

Das Territorium des heutigen Nationalparks wurde bereits seit Jahrhunderten von der Nutzung durch die jeweiligen Siedler stark beeinflusst. Ziel des Schutzes ist neben der beispielhaften Wiederherstellung der ursprünglichen Vegetation – auf den meisten Landflächen würde sich unter den jetzigen Klimabedingungen Buchen-Eichen-Mischwald ausbreiten – auch die Bewahrung historischer Kulturlandschaften. Einen Überblick über 5000 Jahre Landnutzungskultur des Gebiets gibt das »Agroneum« in Alt-Schwerin; die hiesige Natur macht das »Müritzeum« in der Stadt Waren erlebbar.

Huber/Bäck

Huber/Von Dachsberg

Geheimnisvolle Stimmung am Müritz-Havel-Kanal nahe von Mirow.

langt man nach Durchfahrt eines schmalen, bewaldeten Wasserwegs den Norden der **Müritz** (was auf Slawisch sinnigerweise einfach »Meer« bedeutet), des mit 115 km² größten mecklenburgischen Sees.

Der Luftkurort **Waren** (22000 Einwohner) am Nordufer ist das touristische Zentrum der Mecklenburgischen Seenplatte und des **Müritz-Nationalparks**. Das »Müritzeum« bietet hervorragende Information zu dieser vielseitigen, vogel- und fischreichen Landschaft.

Das Städtchen selber hat sich für die Gäste feingemacht. Die Pfarrkirche St. Georg (14. Jh.) und das Neue Rathaus von 1847 sind hier die Höhepunkte. Die meisten Touristen zieht es aber an das attraktive Seeufer mit seinen alten Getreidespeichern und der Mole für die Ausflugsschiffe.

Während große Teile des östlichen Müritzufers schilfbestanden sind und etwa zur Hälfte zum Nationalpark gehören, bietet die Westseite des Sees mehr Zugang zum Wasser und schöne Ausblicke. Ein Schmuckstück ist **Schloss Klink** (1898), in der DDR-Zeit als Ferienheim genutzt, seit 1998 ein Hotel.

Das zweite touristische Zentrum ist **Röbel** an der tief eingeschnittenen Bucht der Binnenmüritz. Der hübsche mittelalterliche Ort besteht aus Alt-Röbel mit Burg, Dorf und der backsteinernen Marienkirche (13.-15. Jh.) nahe dem Seeufer und dem Städtchen Neu-Röbel mit Stadtmauer und der frühgotischen Nikolaikirche.

Der Müritz-Havel-Kanal

Die Müritz hat auch einen Ausgang nach Süden durch den 32 km langen Müritz-Havel-Kanal. In **Mirow**, am Kreuzungsweg von zwei historischen Landstraßen war 1226–1564 der Johanniterorden ansässig, bis im Zuge der Reformation der Besitz an das Mecklenburgische Herzogtum fiel. Ein herzogliches Schloss entstand 1760 an der Stelle der alten Johanniter-Komturei; die Familiengruft der Mecklenburg-Strelitzer Großherzöge befindet sich in der Johanniterkirche.

Südlich von Mirow, seit alters Grenzraum von Mecklenburg und Brandenburg, liegt im Einzugsgebiet der Havel ein von verwirrend vielen Seen (**»Unterseen«**) durchzogenes Waldland mit überaus prachtvollen Gutshöfen und Schlössern – eine Landschaft, wie geschaffen für Romane. Hier spielt Theodor Fontanes *Der Stechlin* (1897), Kurt Tucholsky ließ sich zu *Rheinsberg* (1912) anregen.

Als Städtchen ist **Rheinsberg** schon seit dem 14. Jh. bekannt, aber der Stadtbrand von 1740 und der anschließende Wiederaufbau als Barockensemble mit regelmäßigem Straßengitter gibt ihm bis heute seinen besonderen Glanz.

Noch berühmter ist jedoch **Schloss Rheinsberg**, zumal Kronprinz Friedrich, der spätere König Friedrich II. (der Große), hier seine Jugendjahre verbrachte; später zog sein Bruder Prinz Heinrich ins Schloss ein. Der dreiflügelige Bau mit zwei vorgesetzten Rundtürmen ist erst nach und nach von einer mittelalterlichen Wasserburg über das Renaissanceschloss der Familie von Bredow zu dem barocken Palast geworden, den die weltoffenen Prinzen bewohnten. Stadt, Schloss und der im 18. Jh. gestaltete Park sind beliebte Ausflugsziele.

Die Obere Havel-Wasserstraße

Bei **Priepert** am zickzackförmigen **Ellbogensee** mischt sich das aus der Müritz kommende Wasser, das inzwischen zahlreiche kleine Seen durchströmt hat, mit dem der Havel und erreicht **Fürstenberg**. Die »Wasserstadt« liegt an drei kleineren Seen im märkisch-mecklenburgischen Grenzraum, das erklärt die mittelalterliche Burg, die allerdings im 16. Jh. verändert wurde. Östlich der Stadt liegt die Gedenkstätte des Frauen-Konzentrationslagers **Ravensbrück**.

Die Havel schlängelt sich nun durch den **Naturpark Uckermärkische Seen** und nimmt das Wasser vom **Templiner Kanal** auf.

Bei **Mildenberg** wird die Nähe zur Millionenstadt Berlin spürbar: Die Schornsteine der Ringöfen von zwei nicht mehr betriebenen Großziegeleien sind nicht zu übersehen; hier entstanden ab dem 19. Jh. die gelben Ziegel, aus denen ganze Berliner Stadtteile gebaut sind. Heute ist das 42 ha große Gelände ein informativer Ziegeleipark.

Zehdenick war einst das Zentrum der Ziegelherstellung für das während der Industrialisierung rasch wachsende Berlin. Einige der rund 60 wassergefüllten Tongruben sind Badeseen, andere erfreuen als ungestörte Biotope so manchen Naturfreund.

Voß- und Malzer Kanal stellen die Verbindung zum **Oder-Havel-Kanal** her, während die **Schnelle Havel** mit vielen Windungen westlich davon vorbeifließt; ab **Oranienburg** folgt man wieder der Havel bis Berlin.

Stilistisch zwar nicht sehr einheitlich, architektonisch dafür aber sehr eindrucksvoll: das 1230 begonnene Rathaus von Lübeck.

istockphoto.com/Rose

DER ELBE-LÜBECK-KANAL

Der 67 km lange Elbe-Lübeck-Kanal, in den Jahren 1896–1900 angelegt, hatte einen mittelalterlichen Vorgänger: Die Alte Salzstraße zwischen Lüneburg und Lübeck verlief bis kurz vor Ende des 14. Jh. über die Flüsse Ilmenau und Elbe, dann über Land bis Mölln, und von hier aus verschiffte man anschließend die Waren auf dem Flüsschen Stecknitz bis Lübeck.

Zur Königin der Hanse

Um den Salzumschlag in Mölln und die schwierige Fahrt über Land zu umgehen, erweiterte Lübeck bereits 1390–1398 den Wasserweg südwärts um einen Kanal mit 17 Schleusen. Er überwand die Wasserscheide und benutzte dann den Lauf des Flüsschens Delvenau, das bei Lauenburg in die Elbe mündete. Die Boote benötigten für die damals 93 km lange Wasserstrecke drei bis vier Wochen.

Noch heute kann man beim Städtchen **Lauenburg** (siehe Kapitel »Die Elbe«) die 1393 errichtete Palmschleuse besichtigen (so benannt nach dem Schleusenwärter Palm, der sie im 17. Jh. betreute). Es handelt sich dabei um die älteste Kammerschleuse Europas.

Das alte Städtchen **Mölln**, inmitten waldreicher Hügel und umgeben von Seen, lädt zu einem Besuch ein. Aus dem Ensemble der Altstadt mit ihren schönen Backstein- und Fachwerkhäusern ragen das gotische Rathaus von 1373 und die wuchtige romanische Nikolaikirche heraus.

Die Möllner sind davon überzeugt, dass der Schalk **Till Eulenspiegel** im 14. Jh. in der Stadt gelebt und seine Possen getrieben habe und dort auch kurz nach 1350 gestorben sei. Am Rathaus steht eine viel beachtete moderne Eulenspiegel-Statue aus Bronze.

Lübeck

Im Mittelalter war Lübeck die führende Stadt der Hanse und in erster Linie auf den Handel im Ostseeraum ausgerichtet. Mit dem Beginn der weltweiten Seeschifffahrt geriet sie jedoch ins Abseits. Trotz erheblicher Zerstörungen im Zweiten Weltkrieg bewahrte Lübeck sein mittelalterliches Straßennetz und viele seiner großartigen Bauten; das Resultat ist eine moderne, lebendige Innenstadt im Gewand historischer Häuser, die zum Weltkulturerbe der UNESCO zählen.

Die Besichtigung der Lübecker Altstadt beginnt man am besten am **Holstentor**, dem wohl bekanntesten und bedeutendsten erhaltenen Stadttor des deutschen Spätmittelalters und mit seinen zwei Türmen das Wahrzeichen der Stadt. Als Teil der Befestigungsanlage wurde es 1464–78 erbaut. Hinter den teilweise über 3 m dicken Mauern fanden 30 Geschütze Platz. Mit seinem Schmuck aus glasierten und rohen Ziegeln stellte es zudem den Reichtum der Herren der Stadt zur Schau – und die waren Kaufleute. 1863 entging das »veraltete« und wegen seines Gewichts abgesackte Tor bei einer Abstimmung der Bürgerschaft nur ganz knapp dem Abriss. Seine Räume bergen heute das Museum Holstentor, das mit der Ausstellung »Die Macht des Handels« die Geschichte der Stadt und der Hanse beleuchtet. Das Tor ist auch Werbesymbol auf Verpackungen des weltberühmten Lübecker Marzipans.

Neben dem Tor erinnern die backsteinernen **Salzspeicher** (16.–17. Jh.) an der Trave an den florierenden Salzhandel; Salz aus Lüneburg, französischer Rotwein, Tuche aus Flandern und viele andere Güter aus dem Süden waren in Nord- und Osteuropa begehrt und wurden u. a. gegen kostbare Pelze und Fisch eingetauscht.

Das **TheaterFigurenMuseum** zeigt gut 1000 Theaterfiguren aus drei Jahrhunderten und aller Herren Länder und erläutert die faszinierende Welt des Puppentheaters.

Von der mit einem Fahrstuhl erreichbaren Aussichtsplattform der **Petrikirche** schweift der Blick über die Dächer der Altstadt und die Kirchen wie **St. Katharinen**, **St. Aegidien** oder **St. Jakobi**.

Die Altstadtsilhouette wird von den zwei mächtigen Westtürmen der **Marienkirche** geprägt, die man an Stelle einer romanischen Vorgängerin ab 1250 nach neusten flandrischen und französischen Techniken im Kathedralenbau errichtete. Für das gotische Gotteshaus wählte man statt Naturden hier heimischen Backstein. Das Mittelschiff der Kirche wird vom höchsten Backsteingewölbe der Welt (38,3 m) gekrönt.

Die Lübecker Kaufleute waren nicht nur sehr reich, sondern auch kunstsinnig, was bis heute das kulturelle Leben der Stadt prägt. So holten sie von 1667 bis 1707 den berühmten Organisten Dietrich Buxtehude an die Marienkirche, deren mechanische Orgel weltweit die größte ihrer Art ist. Bis in die heutige Zeit hat sich die Tradition der **Lübecker Abendmusiken** in St. Marien gehalten.

LÜBECK UND DIE HANSE

Betritt man Lübeck und Travemünde an der schleswig-holsteinischen Ostseeküste, so betritt man geschichtsträchtigen Boden – auch wenn es Geschichte ganz besonderer Art ist, nämlich die von Seefahrern und Kaufleuten: Wir sind im »Hanse-Land«.

Die Lübecker sind stolz darauf, dass ihre Stadt 1987 von der UNESCO in die Liste des Weltkulturerbes aufgenommen wurde. Sie verdanken die einzigartige Altstadt ihren nüchtern denkenden Vorfahren, überaus wohlhabenden hanseatischen Kaufleuten. Die Herren verprassten ihre Dukaten keineswegs: Gemäß den von ihnen geschätzten Tugenden Barmherzigkeit, Fleiß, Wachsamkeit, Mäßigung und Klugheit bauten sie monumentale Kirchen und errichteten zum Nutzen ihres Seelenheils zahlreiche Hospitäler und Klöster. Ihren Kunstsinn beweisen die kostbaren Altäre und Malereien, die sie von berühmten Künstlern anfertigen ließen. So rechtfertigt Lübeck die slawische Bedeutung seines Namens »die Schöne«.

In ihren mächtigen Koggen bereisten die Kaufleute fast die ganze damalige Welt und brachten viele Reichtümer nach Hause. Der im 13. Jh. gegründete Deutsche Hansebund sollte ursprünglich nur dem Schutz des Handels zwischen einzelnen Stadtstaaten dienen. Schon bald einmal gehörten der mächtigen Vereinigung gegen 100 Städte zwischen den heutigen Baltischen Staaten und Belgien an, auf dem Höhepunkt des Bündnisses waren es fast 300. Die Hanse hatte Einfluss auf den jeweiligen Herrscher, stellte bei Bedarf eigene bewaffnete Truppen auf und erhob Zölle. Obwohl Lübeck seit 1937 nicht mehr Stadtstaat ist (nur Hamburg und Bremen besitzen das hanseatische Privileg), lautet das Autokennzeichen immer noch HL – für Hansestadt Lübeck.

wikimedia.org/Nightflyer

Gleich um die Ecke steht das »steinerne Märchen«, wie das **Rathaus** mit den glasierten Backsteinen genannt wird. An dem 1230 angefangenen Bau sind immer wieder Erweiterungen vorgenommen worden, sodass diverse Stile zu erkennen sind.

Eines der größten und besterhaltenen Hospitäler des Mittelalters ist das **Heiligen-Geist-Hospital** aus dem 13. Jh. Die Lübecker Kaufleute stifteten den Bau und ließen die dazugehörige Kirche mit reichen Fresken ausstatten.

Eine Stiftung war auch das **Burgkloster** aus dem frühen 13. Jh.; hier entsteht bis 2015 das **Europäische Hansemuseum** mit einer Abteilung zur Archäologie.

Unter den vielen historischen Gebäuden ist das **Haus der Schiffergesellschaft** wegen seines einmaligen Interieurs berühmt. Heute ist es ein Restaurant; die Gäste sitzen an den gleichen Tischen und Bänken wie einst die Gildebrüder. Von der Decke hängen Schiffsmodelle herab, und die getäfelten Wände sind so altersdunkel wie die Gemälde.

Die **Katharinenkirche** ist ebenfalls säkularisiert; seit 2011 wird die Museumskirche durchgreifend saniert. Bildende Kunst und Lübecker Kulturgeschichte sind die Themen des **Museums Behnhaus/Drägerhaus**.

Das Wohnhaus der Familie des weltberühmten Lübecker Schriftstellers **Thomas Mann** beherbergt ein Museum und ein interessantes Dokumentationszentrum.

Das Gebäude an der Mengstraße 4 heißt **Buddenbrookhaus**, nach dem großen Gesellschaftsroman des Nobelpreisträgers.

Das **Günter-Grass-Haus** (Glockengießerstraße 21) ist dem zweiten Nobelpreisträger für Literatur gewidmet und beherbergt ein Literatur- und Kunstforum.

Den dritten Lübecker Nobelpreisträger, in diesem Fall für Frieden, ehrt das **Willy-Brandt-Haus** an der Königstraße 21. Willy Brandt kam 1913 in Lübeck zur Welt.

Als Wohn- und Lebensraum im Spätmittelalter knapp wurde, baute die Stadt in die Höfe hinein. So entstanden die **Gänge**, enge Gässchen und winzige Buden, die armen Leuten Unterschlupf boten. Ziehen Sie den Kopf ein und erkunden Sie zwischen **Fischer-** und **Engelsgrube** den **Lüngreens Gang** und **Bäcker-Gang**.

Ebenfalls für Bedürftige richteten die Kaufleute die **Stiftshöfe** ein; zu den schönsten dieser stillen Oasen gehören der **Von-Dornes-Hof**, der **Füchtingshof** und der **Haasenhof**.

Im Süden der Altstadt legte Heinrich der Löwe 1173 den Grundstein für den Lübecker **Dom**. Das älteste Kirchengebäude der Stadt mit seinen markanten Glockentürmen beherbergt zahlreiche Kunstschätze.

In den Kanonikergebäuden südlich des wiederaufgebauten romanisch-gotischen **Doms** befindet sich das **Museum für Natur und Umwelt**.

Das ehemalige **Kloster St. Annen** wurde 2013 in das **Museumsquartier St. Annen** umgewandelt; es beherbergt u.a. Deutschlands größte Sammlung von Schnitzaltären norddeutscher Prägung. In der 2003 auf dem Platz der ehemaligen Kirche errichteten **Kunsthalle St. Annen** wird moderne Kunst präsentiert.

Travemünde

Travemünde, 16 km von Lübeck die Trave hinab zur Ostsee gelegen, ist das traditionsreichste und mondänste Seebad an der Ostseeküste. 1987 feierte die anmutige Kleinstadt, die seit 1329 als »schönste Tochter« zu Lübeck gehört, ihren 800. Geburtstag.

1802 wurde Travemünde offiziell zum Badeort ernannt, und im **Kasino** spielte die internationale Prominenz an den grünen Tischen. Daraus entstand kürzlich ein elegantes Luxushotel mit Ostseeblick. Schon Tony Buddenbrook erwähnt in Thomas Manns Roman die schmucken **Backsteinhäuser** der Vorderreihe, der langen Straße am Hafen, wo sich das ganze Jahr über die Besucher drängen.

Ein Methusalem unter seinesgleichen ist der Travemünder **Leuchtturm**. Er steht auf dem alten Fundament aus dem Jahr 1316. Heute ist er »pensioniert«; das Leuchtfeuer ist heutzutage auf dem Dach des 33-stöckigen Hotels Maritim gleich dahinter installiert.

Neben der **St. Lorenzkirche** aus dem 16. Jh. und dem uralten Leuchtturm gehört die **Viermastbark Passat** zu den Wahrzeichen Travemündes. Der letzte große deutsche Windjammer von 1911 liegt komplett überholt am Traveufer vor Anker und kann besichtigt werden.

Travemünde besitzt einen der größten **Fährschiffhäfen** Europas, von wo die Häfen der Ostseeländer regelmäßig angelaufen werden.

Außerhalb der Stadt lockt der 4,5 km lange, breite **Sandstrand** mit mehr als 1700 Strandkörben. Seit der Wiedervereinigung ist auch der Strand der **Halbinsel Priwall** schräg gegenüber wieder zugänglich.

Die Ausflugsmöglichkeiten sind nach der Aufhebung der deutsch-deutschen Grenze unbegrenzt entlang der deutschen Ostseeküste. Nordwärts locken das beeindruckende Steilufer **Hermannshöhe** oder **Bad Segeberg** mit den Karl-May-Spielen; im Süden kann man in **Ratzeburg** das Ernst-Barlach-Museum, den schönen Ratzeburger See und den Dom entdecken.

Geradeaus durch die Lüneburger Heide: Der als Industrie-Zubringer gebaute Elbe-Seitenkanal hat durchaus auch touristischen Reiz.

DER ELBE-SEITENKANAL

Der beim Elbkilometer 573 nach Süden abzweigende Elbe-Seitenkanal ist ein Kind des Kalten Krieges: Der Binnenschiffs-Transport von Gütern zwischen dem Hamburger Hafen und den ostniedersächsischen Industriestandorten Braunschweig, Salzgitter und Hannover war wegen der deutschen Teilung nach dem Zweiten Weltkrieg stark behindert: Die Elbe bildete östlich von Lauenburg die Grenze des Eisernen Vorhangs und floss dann ausschließlich durch den »Osten«.

Aus der Not entstanden

Um die Industriezentren am Mittellandkanal zu erreichen, mussten Binnenschiffer wegen der deutsch-deutschen Grenze umständliche Formalitäten erledigen und waren dabei eventuellen Schikanen ausgeliefert.

Außerdem war der Wasserstand der Elbe oft sehr unzuverlässig und der Umweg groß – alles Argumente für die Schaffung eines »Heide-Sues«, wie der in der Planungsphase äußerst kontrovers diskutierte Kanal von der Elbe zum Mittellandkanal scherzhaft genannt wurde, führte er doch durch die sandige Lüneburger Heide. Eine geradezu makabre Aufgabe kam ihm als »Hemmnis gegen Panzer aus dem Osten« zu!

Acht Jahre baute man an dem 115 km langen Wasserweg. Kurz nach seiner Eröffnung 1976 brach südlich von Scharnebeck ein Damm und das Kanalwasser flutete rund 10 km^2 Ackerland. Erst 1977 war der Elbe-Seitenkanal einsatzbereit.

Von der Elbe zum Mittellandkanal muss ein Höhenunterschied von immerhin 61 m ausgeglichen werden. Der Kanal benötigt dazu nur zwei Stufen: das **Schiffshebewerk Scharnebeck** (Lüneburg), wo zwei 100 m lange und 12 m breite Wassertröge in wenigen Minuten den Geestrand von 38 m Höhe überwinden, und zudem ein Schleusenpaar bei Uelzen, das die restlichen 23 m schafft.

Schiffshebewerk und Schleusenanlagen sind auch touristische Attraktionen, der Kanal selbst hat sich neben seiner Funktion als Bundesschifffahrtsstraße auch als Freizeiteinrichtung etabliert, für Sportboote, Angler oder Radler entlang des Kanals.

Lüneburg

Am Kanalkilometer 100 ist man am moderen Hafen im Osten von Lüneburg (74000 Einwohner) angekommen. Im Untergrund der Stadt lagert der Bodenschatz **Salz**, im Mittelalter ein überaus lukrativer Handelsartikel.

Die Lüneburger demonstrierten ihren Reichtum gern am prächtigen **Rathaus**, das sie seit dem 13. Jh. verschönerten und erweiterten. Die Kehrseite der Sole-Entnahme sind Bodensenkungen, die einige Häuser in malerisch zu nennende Schieflage gebracht haben.

Das **Deutsche Salzmuseum** stellt die vielseitigen Aspekte des Naturprodukts und die Ausbeutung der Sole vom 10. bis zum 20. Jh. sehr anschaulich dar. Das Salz wird heutzutage für Kuren und beim Baden in der **Salztherme SaLü** verwendet.

Hunderte von gut restaurierten historischen **Stadthäusern** stehen an den meist schmalen Gassen der mittelalterlichen Stadt. Eindrucksvoll verzierte Giebelhäuser umstellen den Platz **Am Sande**. Am östlichen Ende reckt die **St. Johanniskirche** ihren leicht schiefen, 108 m hohen Backsteinturm in den Himmel; berühmt ist die Barockorgel in dieser fünfschiffigen Kirche des 13. Jahrhunderts.

Mit wenigen Schritten ist man am **Alten Kran** am Flüsschen Ilmenau, einst eine wichtige Verkehrsader, auf der einst das Salz nach Lübeck und von dort nach ganz Skandinavien gelangte.

Uelzen

Die Stadt (35000 Einwohner) ist ein Zentralort für die fruchtbare Gegend der östlichen Lüneburger Heide. Ihre Wurzeln liegen im Kloster Oldenstadt, dessen **Kirche** aus dem 12. Jh. noch heute genutzt wird. Ihre Mauern bestehen aus wuchtigen Feldsteinen, wie sie die Eiszeiten in Norddeutschland hinterlassen haben.

Der romanische Bau war Mittelpunkt eines Benediktinerklosters, dessen Gebäude nicht mehr bestehen. Das Innere der Kirche wurde zur Zeit des Klassizismus umgestaltet und erhielt im 18. Jh. einen dekorativen Kanzelaltar.

Uelzens bekanntestes Gebäude ist der **Bahnhof**, der im Rahmen der Expo 2000 nach Ideen des Künstlers Friedensreich Hundertwasser fantasievoll umgestaltet wurde.

Bad Bodenteich

Der Flecken Bodenteich östlich des Kanals, einst Markt- und Gerichtsort, macht mit seiner **St.-Petri-Kirche** und der belebten Hauptstraße fast einen städtischen Eindruck.

Für die Gäste des heutigen **Kneippbades** ist die über die Jahrhunderte stark veränderte **Burg Bodenteich** mitsamt ihrer grünen Umgebung ein malerisches Ziel. Vermutlich gehörte die Wasserburg, die im 13. Jh. entstand, anfangs zu den Grenzfestungen gegen Slaweneinfälle seit dem 10. Jh. Das Burgmuseum gibt auch Auskunft über die bedeutenden Ländereien, die zum Burgbesitz gehörten; er unterstand vom 14. bis 19. Jh. den Herzögen von Braunschweig-Lüneburg.

Huber/Huber

Heide und schnuckende Schafe. Links der Elbe, im Süden von Hamburg, breitet sich die viel besungene **Lüneburger Heide** aus. Ein Ausflug in dieses eigenwillige, mystische Naturparadies mit Auen, Mooren, Heide- und Waldgebieten ist lohnend. Hier gibt es Hünen- und Hügelgräber aus der Steinzeit, Burgen und Schlösser, Klöster und Kirchen, Wind- und Wassermühlen, manchen schmucken kleinen Ort und historische Städtchen – ein Bijou ist beispielsweise die Salzstadt Lüneburg –, und in Schutzgebieten trifft man auf Hirten mit ihren Heidschnucken. Das Abweiden der Heide durch Schafe (die Heidjer sagen »schnucken« und meinen damit »naschen«) ist wichtig; durch das Abweiden aufkommender Schattenpflanzen bleiben der nährstoffarme Boden und damit die typische Landschaft erhalten. Vielerorts kam es durch Urbarmachung und Ausbeutung bereits zu Veränderungen, so etwa bei Bodenteich, wo durch das Auslaugen unterirdischer Salzvorkommen eine Senke entstand. Sie ist vom Turm der alten Burg gut sichtbar.

Wenn die Heide blüht (zwischen Mitte August und Mitte September), erscheint sie streckenweise wie ein riesiger rosa-lilafarbiger Teppich, der allerdings durchbrochen wird von kerzen- und buschförmigen Wacholdergewächsen. Die größten zusammenhängenden Heideflächen liegen rund um den Wilseder Berg. Das Gebiet gehört seit 1921 zum Naturschutzpark Lüneburger Heide.

Gönnen Sie sich ein bisschen Erholung in einem Strandkorb an der Ostseeküste!

Huber/Bäck

DER NORD-OSTSEE-KANAL

Bereits die Wikinger segelten nur ungern die lange Strecke durch das stürmische Skagerrak um die Nordspitze Dänemarks herum. Vor über 1000 Jahren schleppten sie ihre Schiffe mühsam über die 10 km breite Landscheide zwischen Nord- und Ostsee nahe der heutigen Stadt Schleswig.

Zwischen zwei Meeren

Ab 1784 verkürzte der Wasserweg auf der Eider zusammen mit dem 43 km langen **Eiderkanal** zwischen Rendsburg und Kiel-Holtenau die Seereise zwischen den beiden Meeren, aber dieser war bald zu klein für die wachsenden Schiffsgrößen.

Seinen modernen Nachfolger weihte 1895 der deutsche Kaiser Wilhelm II. ein; der 99 km lange »Kaiser-Wilhelm-Kanal« heißt seit 1948 offiziell Nord-Ostsee-Kanal und ist international auch als Kiel-Canal bekannt. Seine **Schleusen** an den Endpunkten Brunsbüttel nahe der Elbmündung in die Nordsee und Kiel-Holtenau an der Ostsee sowie der Kanal selbst mussten mehrfach erweitert werden.

Mit jährlich über 30 000 Schiffen, darunter mehr als 50 Kreuzfahrern, und zudem etwa 15 000 Freizeitschiffen ist er weltweit der verkehrsreichste künstliche Seeschifffahrtsweg. Auf ihm werden pro Jahr ca. 100 Millionen Tonnen Güter befördert – mit steigender Tendenz dank dem Wirtschaftswachstum in Osteuropa und Skandinavien.

Bei 11 m Wassertiefe, einer Wasserspiegelbreite von bis zu 162 m und Schleusenmaßen von 310 x 42 m können auch recht große Schiffe, aber keine Schiffsriesen passieren. Spektakulär ist die rund 45-minütige Schleusung an beiden Kanaleingängen.

Langsames Tempo, Ausweichstellen und Lotsenpflicht für größere Schiffe garantieren große Verkehrssicherheit. Alle Landwege, die der Kanal zerschneidet, werden mit 14 kostenlosen Fähren, einem Tunnel und neun Brücken aufrechterhalten. Die ungewöhnlichste Querung hat die im 11. Jh. von Dänen gegründete Stadt Rendsburg mit ihrer Schwe-

Jeden Juni lockt die größte Segelveranstaltung der Welt drei Millionen Zuschauer nach Kiel – und auch historische Segelschiffe.

fotolia.com/Crimson

befähre unterhalb der 68 m hohen Eisenbahnbrücke.

Vom Land aus erscheinen die sanft und langsam durch die stille, leicht hügelige bäuerliche Landschaft dahinziehenden, hoch aufragenden Schiffsbauten und Ladungen oft unwirklich; stellenweise schützen hohe Deiche das Hinterland, z. T. liegt es gar unter dem Meeresspiegel. Den vorbeireisenden Kreuzfahrtpassagieren bereiten die Menschen an den Ufern hier oft ein fröhliches Willkommen – mit Fähnchen, Musik und Spruchbändern.

Kiel

Durch die Kieler Förde gleiten riesige Ostseefähren, Kreuzfahrtschiffe, Frachter und Segelboote. Betriebsam geht es in der Stadt Kiel (240000 Einwohner) an Werftbetrieben und Kaianlagen zu. 16 km reicht der »Keil« der Förde (»Fjord«) von der Ostsee ins Land – daher der Name der schleswig-holsteinischen Landeshauptstadt.

Graf Adolf IV. von Schauenburg und Holstein gründete hier schon im 13. Jh. einen Handelshafen, der mit Lübeck aber nie konkurrieren konnte. Kiel wurde indessen Gerichtsort und Geldumschlagplatz des Adels. Viele Adelsresidenzen, das Schloss und die 1665 gegründete Universität prägten den Ort bis zum Ende der dänischen Oberhoheit 1864. Die preußische Herrschaft verwandelte Kiel nach 1867 mit dem Bau eines Flottenstützpunktes in eine Großstadt. Werft- und Hafenanlagen veränderten ihr Gesicht, und der Nord-Ostsee-Kanal förderte den Boom noch.

Die Zerstörungen ließen nach dem Zweiten Weltkrieg kaum historische Bauwerke zurück. Das alte Zentrum mit der wiederaufgebauten **Nikolaikirche** (13. Jh.) und dem **Rathaus** von 1911 mit dem markanten Turm bilden auch den neuen Mittelpunkt. Es liegt in idealer Nähe zum 2007 modernisierten **Ostseekai**, der über hundert Kreuzfahrtschiffe pro Jahr empfängt. Die gut haushohen Fähren am **Schweden-** und gegenüber am **Norwegenkai** beherrschen die **Hörn**, das innere Ende der Förde; eine dreifach »faltbare« **Klappbrücke** verbindet sie.

Die **Kieler Woche** im Juni macht Kiel zur Weltstadt der Segelregatten: 2000 Boote und 5000 Aktive aus 50 Nationen locken um die drei Millionen Zuschauer an. Sie verfolgen an der Außenförde vor dem **Olympiazentrum Kiel-Schilksee** sportliche Klasseleistungen und im übrigen Stadtbereich Windjammerparaden oder Kulturveranstaltungen.

Im Tirpitzhafen ist »Open Ship« für **Marineschiffe**. Die beste Aussicht bietet das 72 m hohe **Marine-Ehrenmal** in Laboe am Ostufer der Förde.

Altböhmische Küche und andere Spezialitäten werden Ihnen in Prag überall angeboten.

hemis.fr/Sudres

ESSEN UND TRINKEN

Die Elbe fließt durch eine vielfältige Landschaft, geprägt seit Jahrhunderten sowohl von Landwirtschaft als auch von See- und Binnenhandel. Diese Gegebenheiten schlagen sich entsprechend auch in der Küche nieder. Wir stellen diese deshalb nach Städten und Regionen zusammengefasst vor.

Prag
Außer einfachen, traditionellen Restaurants gibt es hier auch die Weinstuben *(vinárna)*, wo man nebst Wein auch Gerichte bekommt, oder die Tavernen *(pivnice)*, wo Bier vom Fass angeboten wird, die Speiseauswahl aber kleiner ist. In den Cafés *(kavárne)* gibt es Imbisse und Kuchen; das Wort *jídelna* bezeichnet Selbstbedienungs-Cafeterias.

Delikateste Vorspeise ist der Prager Schinken *(pračská šunka)*, serviert mit Meerrettich oder etwas geschlagener Sahne.

Ein beliebtes Fleischgericht ist der Prager Rindsbraten, gefüllt mit Schinken, Erbsen, Eiern und Zwiebeln *(pračská hovězí pečeně)*. Probieren Sie auch Rindfleisch in Sahnesauce *(svíčková pečeně na smetaně)*. Ebenfalls empfehlenswert ist der nach altböhmischem Rezept gekochte Schinken an einer Zwetschgen-Walnuss-Sauce *(šunka po staročesku)*. Als Beilagen gibt es dazu Knödel *(knedlíki)* und Sauerkraut *(kyselé zelí)*.

Zu den besten Nachspeisen gehören Apfelstrudel *(jablkový závin)* und Zwetschgenknödel *(švestkové knedlíky)*, aber auch Eis *(zmrzlina)* und Kompott schmecken ausgezeichnet.

Unter den Getränken nimmt das Pilsner Bier *(pivo)* den ersten Rang ein, in Prag braut man aber auch lokales Bier. Böhmischer Wein *(vino)* erinnert an den deutschen. *Bílé* ist weiß, *cervené* ist rot. Ein feines Essen wird gerne mit Zwetschgenschnaps *(slivovice)* abgerundet.

Dresden
Zur Sächsischen Kartoffelsuppe (mit Gemüse) serviert man eine Knack- oder Bockwurst. Mit Würstchen wird auch der Kartoffelsalat gereicht, den man hier mit Gemüse, Wurst oder Fisch anreichert. Ein süßsaures Gericht sind Kartoffelstückchen mit Äpfeln und Speckgrieben.

Berühmt ist der Moritzburger Karpfen, der süßsauer mit Essig und Honig sowie Pflaumen, Rosinen und Mandeln serviert wird. Über Sachsen hinaus bekannt ist das Leipziger Allerlei: Erbsen, Karotten, Blumenkohl und alles was der Garten sonst noch hergibt als Eintopf aufgetischt.

An süßem Backwerk, für das die Sachsen eine Vorliebe haben, sind Eierschecke (Quarkkuchen mit Eischneedecke) und Fleckekuchen (Hefekuchen mit Mohn, Quark, Sauerkirschen und Streuseln) zu empfehlen. Und die berühmten Dresdner Christstollen werden in die ganze Welt exportiert.

Nicht nur für seinen Wein ist das Dresdner Elbtal berühmt, auch über Sachsen hinaus haben das *Feldschlösschen-* und das *Radeberger Bier* einen guten Ruf.

Sachsen-Anhalt, Magdeburg, Altmark

Bei der Magdeburger Spezialität »Bötel mit Lehm und Stroh« scheint der fruchtbare Lößboden der Magdeburger Börde mitzuschwingen: Hierbei schwelgt man in Eisbein, Erbsenpüree und Sauerkraut.

Die süße Leckerei »Baumkuchen« soll angeblich in Salzwedel, in der linkselbischen Altmark, erfunden worden sein: Der Teig aus Mehl, Zucker und sehr vielen Eiern wird schichtweise auf eine drehbare Röhre gegossen und über offener Flamme gebacken; am Ende erhält der Kuchen eine Schokoladenglasur – insgesamt eine sehr aufwendige Prozedur, aber mit gaumenschmeichelndem Ergebnis.

Ein echtes Erfolgsprodukt aus Sachsen-Anhalt ist der bereits zu DDR-Zeiten hergestellte »Rotkäppchen-Sekt«: Den lässt sich inzwischen die ganze Bundesrepublik schmecken.

Hamburg

Die traditionelle Hamburger Küche ist eher herzhaft. Von würzigem Geschmack ist die Hamburger Aalsuppe. Ein Rezept sieht kleine Stücke frischen Aals, Karotten, Lauch und weiteres Gemüse, Klößchen und gemischtes Dörrobst vor, gewürzt wird mit Salbei, Thymian und Koriander. Dem Ganzen wird mit Schinkenbrühe, Essig und Zucker eine süßsaure Note verliehen. Aal muss übrigens nicht zwingend eine Zutat dieser Suppe sein – das plattdeutsche »aal« bedeutet »alles«, und ermöglicht dieser Suppe tausenderlei Varianten.

Optisch gewöhnungsbedürftig ist das Seemannsgericht Labskaus – Pökelfleisch durch den Wolf gedreht, mit Zwiebeln, Kartoffeln, Roter Beete und Gewürzen zu einem Brei vermischt und mit Rollmops, Gewürzgurke und Spiegelei garniert. Mit Speck zusammen knusprig gebraten wird die Finkenwerder Kutterscholle, als Beilage dazu werden gewöhnlich Bratkartoffeln oder Speckkartoffelsalat gereicht.

Wenn im März der lachsverwandte, maximal 30 cm lange Stint die Elbe hinaufzieht, um zu laichen, ist dieser kleine Fisch, in Mehl gewendet und gebraten, für kurze Zeit besonders in ländlichen Restaurants entlang der Elbe eine gepriesene Delikatesse.

Als Dessert wird Rote Grütze, gekochtes und angedicktes rotes Beerenobst, zu dem man Sahne oder Vanillesauce reicht, in Hamburg ebenso gern gegessen wie im nahen Skandinavien.

Berlin

Als Vorspeisen empfehlen sich in der Bundeshauptstadt Hackepeter (Tatar) und in Salzwasser eingelegte Soleier, die mit Salz, Pfeffer, Paprika, Essig und Öl gegessen werden. Dazu gibt es einen Klacks Senf, in Berlin Mostrich genannt. Aus der Havel kommt frischer Fisch. Probieren Sie Spezialitäten wie Havelaal »grün« mit Dillsauce oder Havelzander mit Salzkartoffeln.

Zu den Lieblingsspeisen der Berliner zählen zweifellos Kartoffelpuffer – oft mit Apfelmus, aber auch mit Räucherlachs serviert. Doch *das* Leibgericht ist (wie in Sachsen-Anhalt) Eisbein mit Sauerkraut und Erbsenpüree.

hemis.fr/Guglio

Deftige Kost – wie Eisbein mit Sauerkraut – gibts überall an der Elbe.

Die vielen Zuwanderer seit der Industrialisierung, besonders aus den ländlichen Gebieten Deutschlands, haben den Berliner Speisezettel bereichert, aber der Kasseler Braten aus gepökeltem und geräuchertem Schweinefleisch kommt nicht aus Kassel, sondern soll die Erfindung eines Berliner Fleischers diesen Namens sein.

Berliner Pfannkuchen werden nicht in der Pfanne gebraten, sondern sind in Schmalz gebackene, mit Marmelade gefüllte Hefekuchen, mit Puderzucker überstäubt oder glasiert.

Schorle, Weißwein mit Mineralwasser, ist ein ausgezeichneter Durstlöscher. Viel berühmter ist aber das Berliner Bier; Spezialitäten sind Bockbier oder die sommerlich-erfrischende Berliner Weiße (obergäriges Bier aus Gersten- oder Weizenmalz mit geringem Alkoholgehalt) mit Schuss (grünem oder rotem Sirup). Eine Molle ist ein Glas Bier.

Köstliche Milchprodukte in edlem Rahmen:
die Dresdner Molkerei Gebrüder Pfund.

Huber/Hallberg

EINKAUFEN

Der Elbe entlang haben Sie vielerorts die Gelegenheit, sich mit Spezialitäten einzudecken: zerbrechlichen, essbaren oder auch einfach praktischen. Gönnen Sie sich etwas Schönes, und vergessen Sie auch die Daheimgebliebenen nicht!

Prag

Vergnüglich ist ein Schaufensterbummel auf dem Königsweg, der vom Pulverturm bis zur Prager Burg führt. Hier finden Sie die bekannten und beliebten böhmischen Kristall- und Glaswaren, Tafelgeschirr und Porzellanfiguren. Eine Besonderheit sind handgearbeitete Kopien historischer Glasgegenstände, wie sie zu Zeiten berühmter Herrscher wie etwa Karl IV. hergestellt wurden.

Handgefertigte Marionetten, darunter berühmte Opernfiguren, und Spielzeug aus Holz in fröhlichen Farben sind überall erhältlich. Kunstvoll bemalte Ostereier kann man das ganze Jahr über erstehen. Ein schönes Andenken geben zudem die wunderbaren Stickereien, v. a. Tischtücher und Servietten ab. Wer Bitterlikör mag, wird mit einer Flasche des würzigen Becherovka gut bedient sein. Und an Prag als Musikhauptstadt erinnern zu Hause CDs mit Aufnahmen von tschechischen Interpreten.

Dresden, Meißen

Das berühmteste Produkt der Gegend ist das Meissener Porzellan (die eingetragene Marke schreibt sich im Gegensatz zur Stadt mit »ss«), das man in Dresden schon bei Karstadt in der Prager Straße oder im Hilton Hotel bei der Frauenkirche erwerben kann. Begehrt, aber sehr teuer sind das Tafelgeschirr und die handbemalten Figuren; historische wie moderne Designs werden angeboten. Interessanter noch ist ein Besuch der Manufaktur und des Porzellanmuseums mit Fabrikverkauf in Meißen selbst.

In den Kunsthandwerkerpassagen der Dresdner Neustadt findet man modernes und wiederbelebtes Kunsthandwerk, wie Zinnguss, Blaudruck, Drechslerei oder Glasmalerei. Ebenfalls in der Neustadt sind Antiquitätengeschäfte, Modeboutiquen und Galerien angesiedelt (Königstraße, Bautzner Straße).

Landestypisch sind die geschnitzten und bemalten Holzfiguren aus dem Erzgebirge, mit denen sich die dortige Bevölkerung nach dem Niedergang des Silberbergbaus vor 200 Jahren ein Einkommen schuf. Das ganze Jahr über sind Weihnachtspyramiden, Krippen und Engel erhältlich, ebenso der Weihnachtskuchen »Dresdner Stollen«. Wein und Weinbrände aus Sachsen sind köstliche Raritäten, die man außerhalb des Bundeslandes kaum erwerben kann.

Hamburg

Hamburg kann sich in Bezug auf die Eleganz seiner Geschäfte durchaus mit anderen deutschen Großstädten wie München, Düsseldorf und Berlin messen. Die vornehmsten Boutiquen liegen am Neuen Wall, unter den Colonnaden sowie um den Gänsemarkt herum.

Bemerkenswert ist auch das Ensemble glasüberdachter Einkaufspassagen in der Nähe von Jungfernstieg und Mönckebergstraße: Sie machen Hamburger Schmuddelwetter zu einem guten Grund für einen Schaufensterbummel. Restaurants und Cafés laden zur anschließenden Stärkung ein.

Die Europa-Passage, Hamburgs größter Shoppingtempel, verbindet den Jungfernstieg mit Hamburgs Haupt-Einkaufsmeile Mönckebergstraße. Große Kaufhäuser sind westlich des Hauptbahnhofs in der Fußgängerzone der Spitalerstraße und in der Mönckebergstraße angesiedelt.

Außerhalb der City bietet der lange Straßenzug von Eppendorfer Baum und Eppendorfer Landstraße stilvolle und vielfältige Einkaufsmöglichkeiten. Unter jungen Leuten werden die trendigen Boutiquen im Karolinen- und Schanzenviertel sowie in Ottensen bevorzugt.

Typisch Seemännisches, von der Kapitänsmütze oder dem regendichten »Friesennerz« über Messingbeschläge bis zur Knotentafel, erwirbt man entlang der »Ausrüstermeile« parallel zum U-Bahnviadukt bei den Landungsbrücken, künstlerisch gestaltete Hamburg-Souvenirs in der nahen Ditmar-Koel-Straße. Der traditionelle Fischmarkt am Sonntagmorgen ist ein Eldorado für Schnäppchenjäger.

Berlin

Berlin ist ein Shoppingparadies mit vielen exklusiven Einkaufszentren und Kaufhäusern. Die besten Adressen sind neben Ku'damm und Tauentzienstraße (Europa-Center, KaDeWe) die Friedrichstraße, Unter den Linden und die Ladenarkaden am Potsdamer Platz.

Nachstehend ein paar Anregungen: Elektrogeräte im Bauhaus-Stil; elegantes Tafelgeschirr und Ziergegenstände; Tisch- oder

Bettwäsche von herrlich altmodischer Qualität; Zinnsoldaten, Spielzeug-Eisenbahnen, Kuscheltiere, ein nach teuren Porzellanvorbildern angefertigtes Teeservice für die Puppenstube.

Souvenirs und Kitsch: Bierkrüge für jeden Geschmack, Pickelhauben aus Kaiser Wilhelms Zeiten, Abzeichen und Uniformteile der Volksarmee und der Roten Armee, Dosen, die die viel besungene »Berliner Luft« enthalten – und »garantiert echte« Bruchstücke der früheren Berliner Mauer. Einen besonderen Schick haben »Ostalgie-Produkte«, z. B. Mini-Trabantautos oder Gegenstände mit den netten DDR-Ampelmännchen – vom Radiergummi bis zum bedruckten Handtuch.

Porzellanmanufaktur Meissen

istockphoto.com/Lindström

Handbemalt ist Meissener Porzellan ebenso wie Prager Marionetten.

Wolfsburg

In den Shops des Erlebniszentrums »Autostadt« findet man eine einzigartige Auswahl an Spielzeug und Souvenirs – natürlich alles rund ums Auto – für Groß und Klein. Der Museumsladen des Wissenschaftszentrums Phæno ist eine Schatzkiste für Gegenstände aus Naturwissenschaft und Technik, mit denen man spielerisch lernen und ganz zwanglos herumexperimentieren kann. Gleich nebenan im Designer Outlet bieten 45 Markengeschäfte ihre stilvollen Produkte zu Sonderpreisen an.

Lübeck

Auf dem Wochenmarkt vor dem ehrwürdigen Lübecker Rathaus findet man neben Lebensmitteln und Blumen auch ein kleines Souvenirangebot. Eine Buchhandlung hält hier – das Buddenbrookhaus ist nur ein paar Meter entfernt – selbstverständlich die Werke von Thomas Mann bereit. Gleich nebenan in der Breiten Straße lockt das Café Niederegger mit köstlichen Marzipankreationen und überaus einfallsreichen süßen Mitbringseln der Lübecker Marzipanmanufaktur.

Beachten Sie unsere Hinweise – um auch auf unerwartete Ereignisse vorbereitet zu sein.

fotolia.com/Cartagena

WICHTIGES IN KÜRZE

Einreise

Deutschland und Tschechien gehören zum Schengen-Raum; Ausweiskontrollen bei Grenzübertritten zwischen den Ländern sind praktisch aufgehoben. Tragen Sie für allfällige Kontrollen einen gültigen Personalausweis (Identitätskarte) oder einen Pass bei sich.

Feiertage

Deutschland:

1. Januar	Neujahr
6. Januar	Dreikönigstag (nur in Sachsen-Anhalt)
1. Mai	Tag der Arbeit
3. Oktober	Tag der Deutschen Einheit
31. Oktober	Reformationstag (nur in Sachsen, Sachsen-Anhalt, Brandenburg, Mecklenburg-Vorpommern)
25. Dezember	1. Weihnachtstag
26. Dezember	2. Weihnachtstag

Beweglich: Karfreitag, Ostermontag, Auffahrt, Pfingstmontag, Buß- und Bettag: elf Tage vor dem 1. Advent (nur in Sachsen)

Tschechien:

1. Januar	Neujahr
1. Mai	Tag der Arbeit
8. Mai	Tag des Sieges (Ende des Zweiten Weltkriegs)
5. Juli	Tag der Slawenapostel Kyrill und Method
6. Juli	Gedenktag für Jan Hus
28. September	Tag der tschechischen Staatlichkeit/Todestag des heiligen Wenzels
28. Oktober	Unabhängigkeitstag (Gründung der Tschechoslowakei 1918)
17. November	Tag des Kampfes für Freiheit und Demokratie (1939 und 1989)
24. Dezember	Heiligabend
25. Dezember	1. Weihnachtstag
26. Dezember	2. Weihnachtstag

Beweglich: Ostermontag

Fotografieren

In vielen Museen sind Fotoapparate erlaubt; erkundigen Sie sich aber vorher.

Geld

Deutschland verwendet den Euro (EUR, €) zu 100 Cent (ct). Kreditkarten werden in den meisten Geschäften akzeptiert; für den Barbezug gibt es genug Bankomaten.

In Tschechien zahlt man mit der tschechischen Krone (*koruna*, CZK, Kč). In Touristenorten nehmen viele Geschäfte auch Euro an, aber meist zu einem ungünstigen Kurs, das Wechselgeld erhält man in Kronen. Empfohlen wird der Devisentausch bei Banken und an Bankomaten; in Wechselstuben sollte man sich vor dem Tausch über Kommission und Wechselkurs erkundigen. Kreditkarten werden häufig akzeptiert.

Gepäck

Im Sommer ist leichte Baumwollkleidung ideal. In Norddeutschland ist wind- und wetterfeste Kleidung von Vorteil. Außerdem sollte man Kopfbedeckung und Sonnencreme einpacken sowie einen Pullover oder eine Jacke für kühle Abende.

Für Ausflüge empfiehlt sich gutes Schuhwerk. Ein Insektenschutzmittel und eine Taschenlampe können nützlich sein, ein Fernglas eröffnet weitere Perspektiven.

Gesundheit

Zwischen den EU-Ländern und der Schweiz gelten Gesundheitsabkommen. Vergessen Sie für den Fall einer Arztkonsultation Ihre EU-Krankenversicherungskarte nicht. Touristen aus Nicht-EU-Ländern (z. B. Schweizer) können zusätzlich eine Reisekrankenversicherung abschließen.

Klima

Norddeutschland hat durch die Nähe zur Nordsee ein Meeresklima, das von kühlen Sommern (Durchschnittstemperatur um die 20 °C) und milden Wintern bestimmt ist. Das Wetter kann rasch wechseln; auf stärkeren Wind als im Binnenland sollte man vorbereitet sein. Osten und Süden des Elbe-Einzugsgebietes haben eher kontinentales Klima, im Sommer ist es wärmer, im Winter kälter als im maritimen Norden.

Notfälle

Die generelle Notrufnummer in Deutschland und Tschechien ist 112. Botschaften oder Konsulate sind nur z. B. bei Passverlust zuständig, nicht etwa, falls Ihnen Bargeld oder Fahrkarten abhandengekommen sind.

Öffnungszeiten

Tschechien: In Prag haben Kaufhäuser und große Ladenzentren täglich ca. 9–19/22 Uhr geöffnet, außerhalb der Hauptstadt sind die Läden meist sonntags geschlossen und samstags nur bis zum frühen Nachmittag geöffnet.

Deutschland: Nur an wenigen Sonntagen im Jahr oder in Touristenzentren dürfen Geschäfte auch sonntags geöffnet sein. Für Montag–Samstag gilt zumeist 9/10–19/20 Uhr, außerhalb der großen Stadtzentren schließen am Samstag die Geschäfte teilweise früher.

Sicherheit

Nehmen Sie sich, besonders in größeren Menschenansammlungen, vor Taschendieben in Acht; deutlich sichtbare Geldbeutel und offene Handtaschen sind eine Einladung! Dokumente und Wertsachen sollte man im Hotelsafe hinterlegen.

Sprachen

Viele Tschechen, besonders in grenznahen touristischen Gebieten, sprechen Deutsch; unter jüngeren Leuten in Prag ist auch Englisch verbreitet. Für Ihre Landgänge in Tschechien finden Sie hier ein paar tschechische Ausdrücke:

Guten Tag	*Dobrý den*
Auf Wiedersehen	*Sbohem*
Bitte	*Prosím*
Danke	*Dûkuji*

Telefon

Internationale Ländervorwahlen: +49 für Deutschland, +420 für Tschechien.

Touristeninformation

Umfassendere touristische und praktische Auskünfte finden Sie im Internet und bei den Fremdenverkehrsbüros:

Tschechien allgemein: www.czechtourism.com.

Prag: www.praguewelcome.cz; prague-info.cz; Tourist-Information im Alten Rathaus *(Staromestska radnice)*; Informationszentrum *Rytířská* 31 *(Informační centrum Rytířská)*: in der Altstadt nahe dem Karolinum; Malá Strana: im Brückenturm der Karlsbrücke auf der Kleinseite.

Dresden: www.dresden.de; www.dresden-tourist.de; Tourist-Information Schössergasse 23 (zwischen Schloss und Frauenkirche).

Magdeburg: www.magdeburg-tourist.de, Tourist-Information Ernst-Reuter-Allee 12.

Hamburg: www.hamburg.de; www.hamburg-tourism.de; Tourist Information im Hauptbahnhof; am Hafen: St. Pauli Landungsbrücken, Brücke 4.

Wolfsburg: www.wolfsburg.de, Willy-Brandt-Platz 3 (im Bahnhof).

Hannover: www.hannover.de, Tourist-Information: Ernst-August-Platz 8, gegenüber dem Bahnhof; Infocounter im Neuen Rathaus, Trammplatz 2.

Berlin: www.visitberlin.de; BERLIN Infostore: Hauptbahnhof, Kurfürstendamm, am Brandenburger Tor, Alexanderplatz, Reichstag.

Lübeck: www.luebeck-tourismus.de, Tourist-Information Holstentorplatz 1.

Trinkgeld

In Restaurants rundet man die Rechnung um etwa 10% auf. Auch Hotelpersonal und Taxifahrer freuen sich über ein Trinkgeld.

Flughafen Václav Havel Prag (letiště Václava Havla Praha)
Jelení
U Prašného mostu
U Brusnice
Kralovská zahrada
Chotkova
U Bruských kasáren
nábř. Edvarda
Na Opyši
Staré zám schody
Zlatá ulička
HRADČANY
Keplerova
Nový Svět
Černínská
Kapucínská
Arcibiskupský palác
Národní galérie
Katedrála svatého Víta
Jiřská
Ledeburská zahrada
Valdštejnská
MALOSTRANSKÁ
Kanovnická
Hradčanské nám.
Pražský hrad
Valdštejnský palác
Valdštejnská zahrada
Mánes
kasáren
Loreta
Sněmovní
kostel svatého Tomáše
Letenská
Černínský palác
Loretánské nám.
Loretánská
Schwarzenberský palác
Radnické schody
Zámecké schody
Vojanovy sady
Nerudova
Malostranské nám.
kostel svatého Mikuláše
Malostranská radnice
U luž. semináře
Cihelná
Hergeto cihelna
Úvoz
Pohořelec
Sporkova
Břetislavova
Vlašská
Tržiště
Mostecká
Míšeňská
kostel Panny Marie pod řetězem
Karlův mo
Strahovský klášter
Vlašská
Prokopská
Lázeňská
Lennonova zeď
kostel Panny Marie Vítězné
Karmelitská
Velkopřevorské nám.
Schönbornská zahrada
Strahovská zahrada
Lobkovická zahrada
MALÁ STRANA
České muzeum hudby
Nebovidská
Nosticova
Na Kampě
Kampa Museum
Vltava
Hellichova
Čertovka
U Sovových mlýnů
Petřínská rozhledna
Seminářská zahrada
Strahovská
Všehrdova
Střelecký ostrov
Růžový sad
Říční
Malostr. nábř.
Olympijská
most Legií
Vítězná
Petřínské sady
Plaská
Újezd
Mělnická
Petřínská
Zobrovská
Janáčkovo nábřeží
Kinského zahrada
nám. Kinských
Holečkova
Vodní
Kroftova
Preslova
Malátova
Dětský ostrov
Zubatého
P. Švandy ze Semčic
Drtinova
Arbesovo nám.
Štefánikova
Kořenského
Viktora Huga
V Botanice
Jiráskův most
Matoušova
Nábřežní
1 Loretoheiligtum
2 Palais Czernin
3 Nationalgalerie
4 Erzbischöfliches Palais
5 Palais Schwarzenberg
6 Prager Burg
7 Veitsdom
8 Kloster Strahov
9 Kirche St. Maria unter der Kette
10 Kirche Maria vom Siege
11 St. Nikolaus auf der Kleinseite
12 Kleinseitner Rathaus
13 Kirche St. Thomas
14 Laurenziberg
15 Altstädter Rathaus
16 Kinsky-Palais
17 Teynkirche
18 Kirche St. Jakob
19 Haus Zur Schwarzen Mutter Gottes
20 Pulverturm
21 Gemeindehaus (Repräsentationshaus)
22 Karolinum
23 Ständetheater
24 Altstädter Ring
25 St. Nikolaus in der Altstadt
26 Altneu-Synagoge
27 Hohe Synagoge
28 Pinkas-Synagoge
29 Bethlehemskapelle
30 Clementinum
31 Karlsbrücke
32 Wenzelsplatz
33 Hauptbahnhof
34 Masaryk-Bahnhof
35 Grand Hotel Europa
36 Kirche St. Ägidius
37 Agneskloster
38 Kunstgewerbemuseum
39 Smetanamuseum
40 Kirche Maria Schnee
41 Nationaltheater
42 Nationalmuseum
43 Neustädter Rathaus
44 Kirche St. Kyrill und Method
45 Kirche St. Ignatius
46 Tschechisches Musikmuseum
47 Franz-Kafka-Museum
48 Mucha-Museum
49 Maisel-Synagoge
50 Spanische Synagoge
51 Jüdisches Rathaus
52 Staatsoper
53 Palais Waldstein
54 John-Lennon-Mauer

Prag
nábř. Ludvíka Svobody
Na Františku
Čechův most
Dvořákovo nábř.
Anežský klaster 37
Rásnovka
U milosrdných
Klimentská
Hradební
Revoluční
Haštalské nám.
Haštalská
Bílkova
Petrská
Petrská nám.
Soukenická
Wilsonova
Staronová synagoga
26
Španělská synagoga
50
Uměleckoprůmyslové muzeum 38
Rudolfinum
17. listopadu
Klausova synagoga
51
Židovská radnice
Vysoká synagoga
27
Vězeňská
Kozí
Dlouhá
Elišky Krásnohorské
Dušní
Benediktská
Truhlářská
Zlatnická
Na poříčí
FLORENC
JOSEFOV
Široká
Masná
Alšovo nábř.
28
Pinkasova synagoga
Maiselova
Maiselova synagoga
49
kostel svatého Jakuba
18
Jakubská
Týnská
nám. Republiky
Na Florenci
Havlíčkova
Masarykovo nádraží
34
STAROMĚSTSKÁ
Kaprova
25
kostel svatého Mikuláše
Pařížská
palác Kinských
16
24
kostel Matky Boží před Týnem
17
Obecní dům
21
NÁM. REPUBLIKY
20
Staroměstské nám.
Křižovnická
Platnéřská
Mariánské nám.
Linhartská
15
Staroměstská radnice a Orloj
Malé nám.
Celetná
19
dům u černé Matky Boží
Prašná brána
Hybernská
30
Klementinum
Karlova
Karolinum
22
Železná
23
Stavovské divadlo
Senovážná
Dlážděná
Senovážné nám.
Křižovnické nám.
Anenská
Liliová
Řetězová
Melantrichova
Havelská
Na příkopě
Nekázanka
Jeruzalémská
Opletalova
Vrchlického sady
Smetany
Zlatá
Husova
36
kostel svatého Jiljí
Jilská
Michalská
STARÉ MĚSTO
Betlémská kaple
29
Náprstkova
Karoliny Světlé
Betlémská
Betlémské nám.
Uhelný trh
Rytířská
Na Můstku
48
Kaunický palác
Panská
Jindřišská
U půjčovny
HLAVNÍ NÁDRAŽÍ
Růžová
Wilsonova
Konviktská
Perlova
28. října
MŮSTEK
40
chrám Panny Marie Sněžné
Václavské
Politických vězňů
Olivova
Hlavní nádraží
33
Divadelní
Bartolomějská
Národní
Jungmannovo nám.
35
Grand Hotel Evropa
Krocinova
Na Perštýně
Františkánská zahrada
Vodičkova
náměstí
Národní divadlo
Národní
Laterna magika
NÁRODNÍ TŘÍDA
Voršilská
Purkyňova
Palackého
NOVÉ MĚSTO
Washingtonova
Legerova
Ostrovní
Spálená
Jungmannova
V Jámě
32
52
Státní opera Praha
Spanělská
Vladislavova
Vojtěšská
Opatovická
Křemencova
Pštrossova
Lazarská
Vodičkova
Školská
Štěpánská
MUZEUM
42
Národní muzeum
Mánesova
Vinohradská
Novoměstská radnice
43
Navrátilova
Ve Smečkách
Krakovská
Mezibranská
Čelakovského sady
Balbínova
Římská
Italská
Myslíkova
Řeznická
Žitná
Žitná
Anglická
Římská
kostel svatého Cyril a Metoděje
44
Karlovo nám.
Malá Štěpánská
Na Rybníčku
Štěpánská
Legerova
N
Jiráskovo nám.
Tančící dům
Resslova
KARLOVO NÁMĚSTÍ
Ječná
kostel svatého Ignáce
45
Ječná
Sokolská
Jugoslávská
I.P.PAVLOVA
Nám. Míru
0
400 m
Dittrichova
Gorazdova
Trojanova
Na Moráni
Karlovo nám.
Lípová
U Nemocnice
Kateřinská
Ke Karlovu
Rumunská

Mariánské hradby
Königsgarten
Míco
U Prašného mostu
Restaurant
Alte Reitschule
Puder-Turm
Staubbrücke
Bastei-garten
Brusnice
Restaurant
Spanischer Saal
Burg-galerie
Vikářská
Veitsdom
Zweiter Burghof
Brunnen
Vlad
Palais Sternberg Nationalgalerie
Alte Propstei
St. Georg
Obelisk
Erzbischöfliches Palais
Matthiastor
Dritter Burghof
Schatz-kammer
Erster Burghof
Kanzlei de Staatsprä
Paradies-garten
Hradčanské naměsti
(Hradschiner Platz)
Zám. schody
Matthias-pavillon
Pestsäule
Palais Schwarzenberg
Ke Hradu
sv. Kajetán

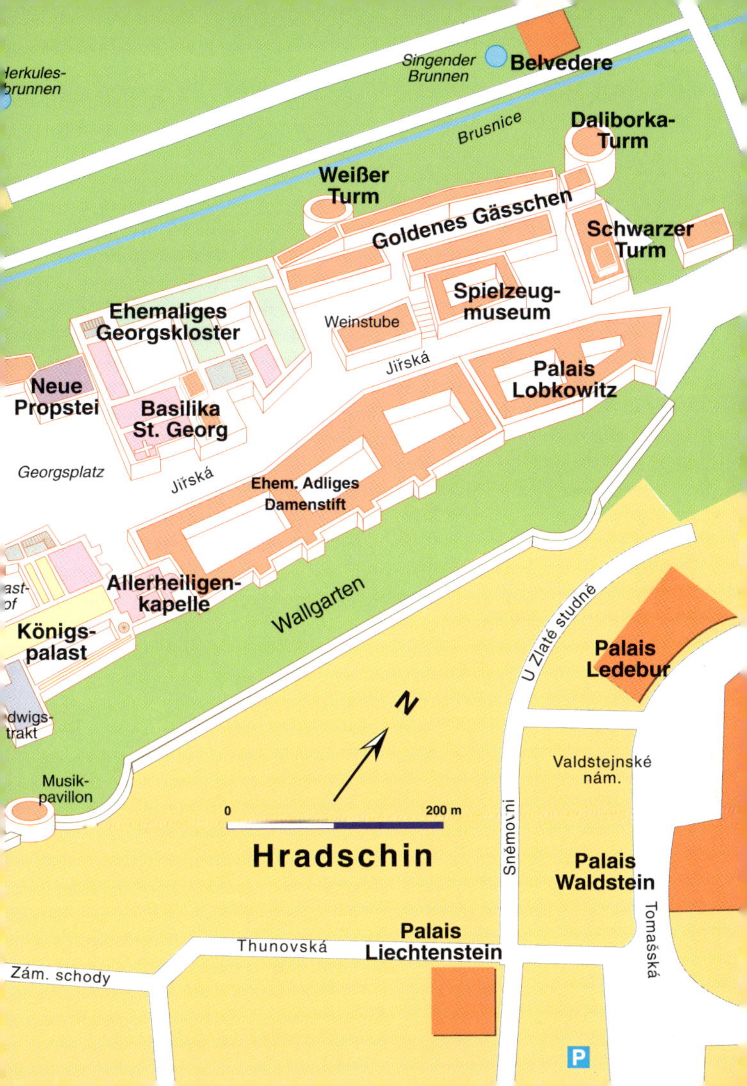

Herkules-
brunnen
Singender
Brunnen
Belvedere
Brusnice
Daliborka-
Turm
Weißer
Turm
Goldenes Gässchen
Schwarzer
Turm
Spielzeug-
museum
Weinstube
Ehemaliges
Georgskloster
Jiřská
Palais
Lobkowitz
Neue
Propstei
Basilika
St. Georg
Georgsplatz
Jiřská
Ehem. Adliges
Damenstift
Allerheiligen-
kapelle
Wallgarten
Königs-
palast
U Zlaté studně
Palais
Ledebur
N
dwigs-
trakt
Valdštejnské
nám.
Musik-
pavillon
0
200 m
Hradschin
Sněmovní
Palais
Waldstein
Tomašská
Palais
Liechtenstein
Thunovská
Zám. schody
P

Dresden
Elbe
Elbe
Hoyerswerdaer Str.
Pfunds Molkerei
Glacisstraße
Schloss Eckberg, Lingnerschloss, Schloss Albrechtsberg
Bautzner Straße
E.-Kästner-Museum, Militärhistorisches Museum
Oberer Kreuzweg
Unterer Kreuzweg
Georgenstr.
Hospitalstr.
Wigardstraße
Archivstr.
Erich-Ponto-Str.
Wilhelm-Buck-Str.
Königsufer
Neustadt
Elbwiesen
Terrassenufer
Ziegelstraße
Carolabrücke
Carolaplatz
Albertplatz
Albertstraße
Sarrassanistr.
Markthalle
Ritterstr.
Metzer Str.
Schmiedegasse
Hauptstraße
Jägerhof, Museum für Sächsische Volkskunst
Goldener Reiter
Köpckestraße
Königsufer
Schiller-Denkmal
Barocke Bürgerhäuser
Königstraße
An der Dreikönigskirche
Dreikönigskirche
Kügelgenhaus – Museum der Dresdner Romantik
Obergraben
Heinrichstr.
Kunsthandwerkerpassagen
Nieritzstr.
Theresienstraße
Hainstr.
Palaisplatz
Neustädter Markt
Blockhaus
Westin Bellevue
Barockhaus
Bellevuegarten
Große Meißner Straße
Landesmuseum für Vorgeschichte
Japanisches Palais
Museum für Völkerkunde
Palaisgarten
Canalettoblick
Bahnhof Neustadt
Robert-Blum-Str.
Kleine Marienbrücke
Antonstr.
Uferstr.
Marienbrücke
Augustusbrücke
Weiße Flotte, Sächsische Dampfschiffahrt
Theaterkahn
Elbschlösschen
Moritzmonument
Hasenberg
Neue Synagoge
Buspark-platz
Brühlscher Garten
Kasematten
Semper-Denkmal
Albertinum, Galerie Neue Meister
Kunstakademie
Brühlsche Terrasse
Sekundogenitur
Brühlsche Gasse
Neues Ständehaus
Fürstenzug
An der Frauenkirche
Johanneum
Frauenkirche
Cosel-Palais
Salzgasse
Georgentor
Stallhof
Schlossplatz
Augustusstr.
Italienisches Dörfchen
Kathedrale St. Trinitatis (Hofkirche)
Hausmannsturm
Residenzschloss
Grünes Gewölbe
Taschenberg
Kleine Brüdergasse
Sophienstraße
Theaterplatz
Semperoper
Staatskapelle, Staatsoper
Nymphenbad
Gemäldegalerie Alte Meister
Zwinger
Kronentor
Porzellansammlung
Glockenspielpavillon
Wallpavillon
Zwingerteich
Am Zwingerteich
Mathematisch-Physikalischer Salon
Ostraallee
Theaterstr.
Schauspielhaus
Internationales Congress Center
Sächsischer Landtag
Neue Terrasse
B.-v.-Lindenau-Platz
Devrienstraße
Kleine Packhofstraße
Ostra-Ufer
Ostraallee
Am Queckbrunnen
An der Herzogin Garten
Schützenplatz
Maxstraße
Könneritzstraße
Weißeritzstr.
Yenidze
Plauenscher Alle
Heinz-Steyer-Stadion
Schützengasse
Grüne Str.
Schweriner Straße
Ermischstraße

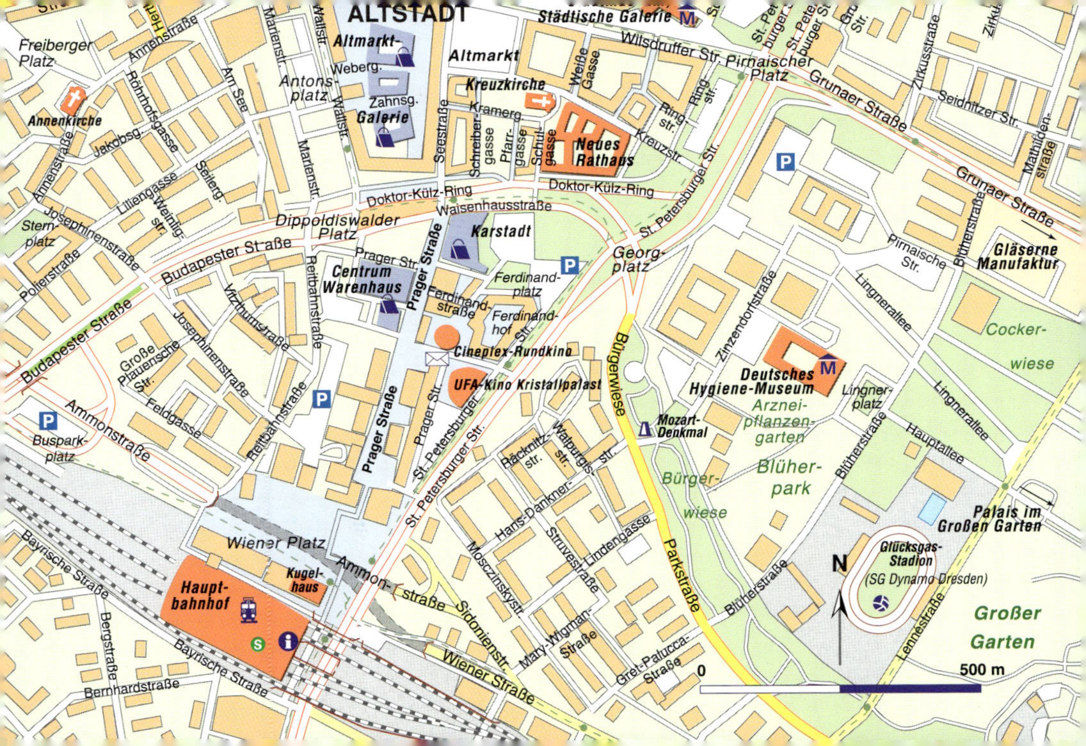
ALTSTADT
Städtische Galerie
Altmarkt-Galerie
Altmarkt
Kreuzkirche
Neues Rathaus
Wilsdruffer Str.
Pirnaischer Platz
Grunaer Straße
Zirkusstraße
Seidnitzer Str.
Mathildenstraße
Gläserne Manufaktur
Blüherstraße
Pirnaische Str.
Lingnerallee
Cockerwiese
Zinzendorfstraße
Deutsches Hygiene-Museum
Lingnerplatz
Hauptallee
Arzneipflanzengarten
Blüherpark
Palais im Großen Garten
Glücksgas-Stadion (SG Dynamo Dresden)
Großer Garten
Lennéstraße
N
0
500 m
Parkstraße
Bürgerwiese
Mozart-Denkmal
Georgplatz
St. Petersburger Str.
Doktor-Külz-Ring
Waisenhausstraße
Karstadt
Ferdinandplatz
Ferdinandstraße
Ferdinandhof Str.
Cineplex-Rundkino
UFA-Kino Kristallpalast
Prager Straße
Prager Str.
Centrum Warenhaus
Dippoldiswalder Platz
Budapester Straße
Reitbahnstraße
Marienstr.
Wallstr.
Antonsplatz
Weberg.
Zahnsg.
Seestraße
Schreibergasse
Pfarrgasse
Schulgasse
Kramerg.
Weiße Gasse
Ringstr.
Kreuzstr.
Am See
Röhrhofsgasse
Annenstraße
Freiberger Platz
Annenkirche
Jakobsg.
Seilerg.
Lilienggasse
Weinligstr.
Josephinenstraße
Sternplatz
Polierstraße
Vitzthumstraße
Große Plauensche Str.
Feldgasse
Ammonstraße
Busparkplatz
Wiener Platz
Kugelhaus
Hauptbahnhof
Ammonstraße
Sidonienstr.
Wiener Straße
Bayrische Straße
Bergstraße
Bernhardstraße
Mary-Wigman-Straße
Gret-Palucca-Straße
Mosczinskystr.
Struvestraße
Lindengasse
Hans-Dankner-Str.
Räcknitzstr.
Walpurgisstr.

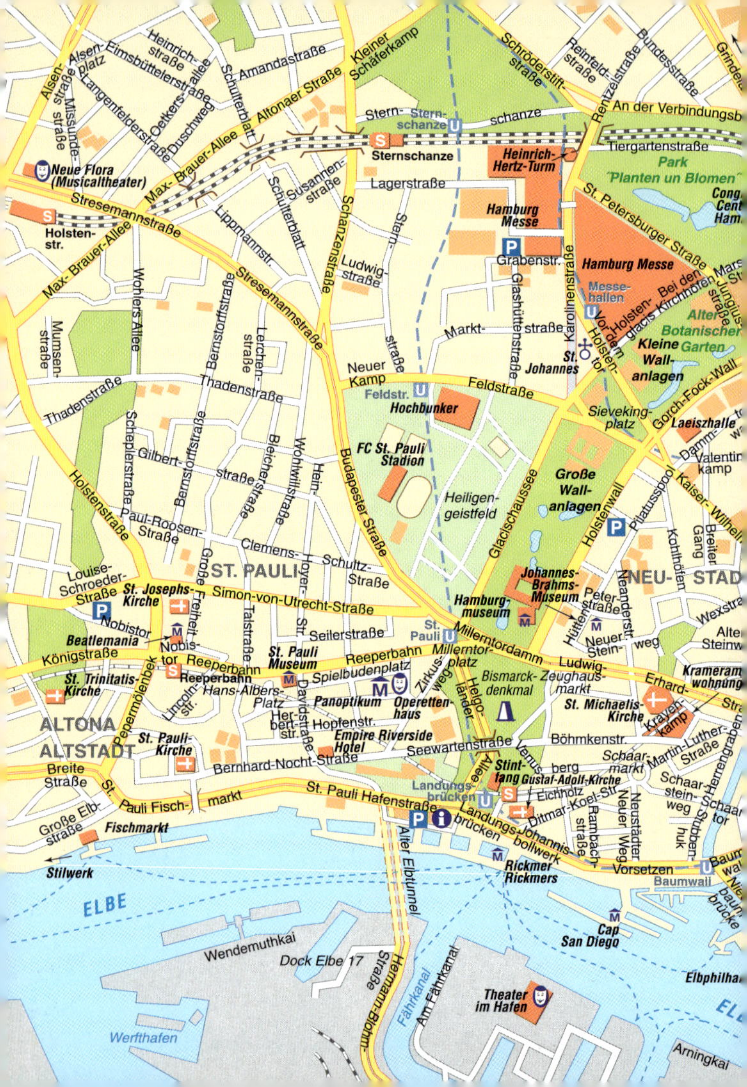

Neue Flora (Musicaltheater)
Holsten-str.
Sternschanze
Heinrich-Hertz-Turm
Park "Planten un Blomen"
Hamburg Messe
Messe-hallen
Alter Botanischer Garten
Kleine Wall-anlagen
Laeiszhalle
Hochbunker
FC St. Pauli Stadion
Heiligen-geistfeld
Große Wall-anlagen
Johannes-Brahms-Museum
Hamburg-museum
ST. PAULI
NEUSTADT
St. Josephs-Kirche
Beatlemania
St. Trinitatis-Kirche
ALTONA ALTSTADT
St. Pauli-Kirche
St. Pauli Museum
Panoptikum
Operetten-haus
Empire Riverside Hotel
Bismarck-denkmal
St. Michaelis-Kirche
Krameramts-wohnung
Stint-fang
Gustaf-Adolf-Kirche
Landungs-brücken
Fischmarkt
Stilwerk
Rickmer Rickmers
Cap San Diego
Alter Elbtunnel
ELBE
Wendemuthkai
Dock Elbe 17
Werfthafen
Fährkanal
Theater im Hafen
Elbphilharmonie
Arningkai
Baumwall
Stresemannstraße
Max-Brauer-Allee
Altonaer Straße
Schanzenstraße
Budapester Straße
Holstenstraße
Reeperbahn
Simon-von-Utrecht-Straße
Millerntordamm
Feldstraße
Glacischaussee
Holstenwall
Kaiser-Wilhelm-Straße
Ludwig-Erhard-Straße
St. Pauli Hafenstraße
Bernhard-Nocht-Straße
Seewartenstraße
Helgoländer Allee
Davidstraße
Große Freiheit
Talstraße
Königstraße
Breite Straße
Große Elbstraße
St. Pauli Fischmarkt
Vorsetzen
Johannisbollwerk
Karolinenstraße
St. Petersburger Straße
Lagerstraße
Schröderstiftstraße
Rentzelstraße
Bundesstraße
Tiergartenstraße
Gorch-Fock-Wall
Sievekingplatz
Thadenstraße
Wohlers Allee
Bernstorffstraße
Paul-Roosen-Straße
Clemens-Schultz-Straße
Hein-Hoyer-Straße
Wohlwillstraße
Spielbudenplatz
Hans-Albers-Platz
Hopfenstr.
Pepermölenbek
Nobistor
Louise-Schroeder-Straße
Hermann-Blohm-Straße

Hamburg
0
800 m
N
Außenalster
Binnenalster
Museum für Völkerkunde
Rothenbaumchaussee
Fontenay
Mittelweg
Alsterufer
Tesdorpfstraße
Universität
Warburgstraße
Neue Rabenstraße
Alsterterrasse
Dammtor
Stephansplatz
Dammtordamm
Alsterglacis
Kennedybrücke
Esplanade
Lombardsbrücke
Ferdinandstor
Galerie der Gegenwart
Kunsthalle
Glockengießerwall
Staatsoper
Große Theaterstraße
Colonnaden
Neuer Jungfernstieg
Jungfernstieg
Gänsemarkt
Große Bleichen
Poststraße
Hanseviertel
Ballindamm
Europa Passage
Alstertor
Thalia-Theater
Ferdinandstraße
Gertrudenstraße
Raboisen
Rosenstraße
Lilienstraße
Kurze Mühren
Spitalerstraße
Hermannstraße
Bergstraße
ALTSTADT
Mönckebergstraße
St. Petri-Kirche
St. Jacobi-Kirche
Rathausmarkt
Rathaus
Börse
Rathausstr.
Schmiedestr.
Steinstraße
Burchardstr.
Burchardplatz
Altstädter Straße
Sprinkenhof
Chilehaus
Pumpen
Meßberg
Domstraße
Johanniswall
Klosterwall
Steintorwall
Steinstr.
Markthalle
Deichtorplatz
HighFlyer
Deichtorhallen
Hauptbahnhof
Hauptbf. Nord
Hauptbf. Süd
Steintordamm
Steintorplatz
Museum für Kunst und Gewerbe
Kurt-Schumacher-Allee
Adenauerallee
Ernst-Merck-Straße
Kirchenallee
Holzdamm
Alsterwiete
Koppel
An der Alster
ST. GEORG
Gurlittstr.
Lange Reihe
Greifswalder Straße
Baumeisterstr.
Deutsches Schauspielhaus
Bremer Reihe
Steindamm
Danziger Straße
Rostocker Str.
Brennerstraße
Lindenstr.
Böckmannstr.
Pulverteich
Schmilinskystr.
Barcastr.
Lohmühlenstr.
Bülaustr.
Schwanenwik
Münzstraße
Norderstr.
Nagelsweg
Spaldingstraße
Nordkanalstraße
Sonninstr.
Amsinckstraße
Högerdamm
Banksstraße
Lippeltstraße
Stadtdeich
Schleusenkanal
KLOSTERTOR
Oberhafen
Willy-Brandt-Straße
Großer Burstah
Trostbrücke
Börsenbrücke
Rödingsmarkt
St. Nikolai
St. Katharinen-Kirche
Katharinenstraße
Katharinenfleet
Holzbrücke
Neue Gröningerstr.
Zippelhaus
Dovenfleet
Alter Wandrahm
Neuer Wandrahm
Oberbaumbrücke
Speicherstadt
Deutsches Zollmuseum
Ericusspitze
Bei den Mühren
Bei St. Annen
Brooktorkai
Brooktorhafen
Stockmeyerstraße
Automuseum Prototyp
Koreastr.
Hongkongstr.
Shanghaiallee
Lohseplatz
Osakaallee
Am Sandtorkai
Brook
Kehrwieder
Auf dem Sande
Kesselhaus
Miniatur Wunderland
Magellan-terrassen
Spicy's Gewürzmuseum
Sandtorhafen
Kaiserkai
Am Dalmannkai
Großer Grasbrook
Grasbrookhafen
Hübenerstr.
Tokiostr.
Internationales Maritimes Museum
Baakenbrücke
Überseeallee
Versmannstraße
HAFEN CITY
Hamburg Cruise Center
Baakenhafen

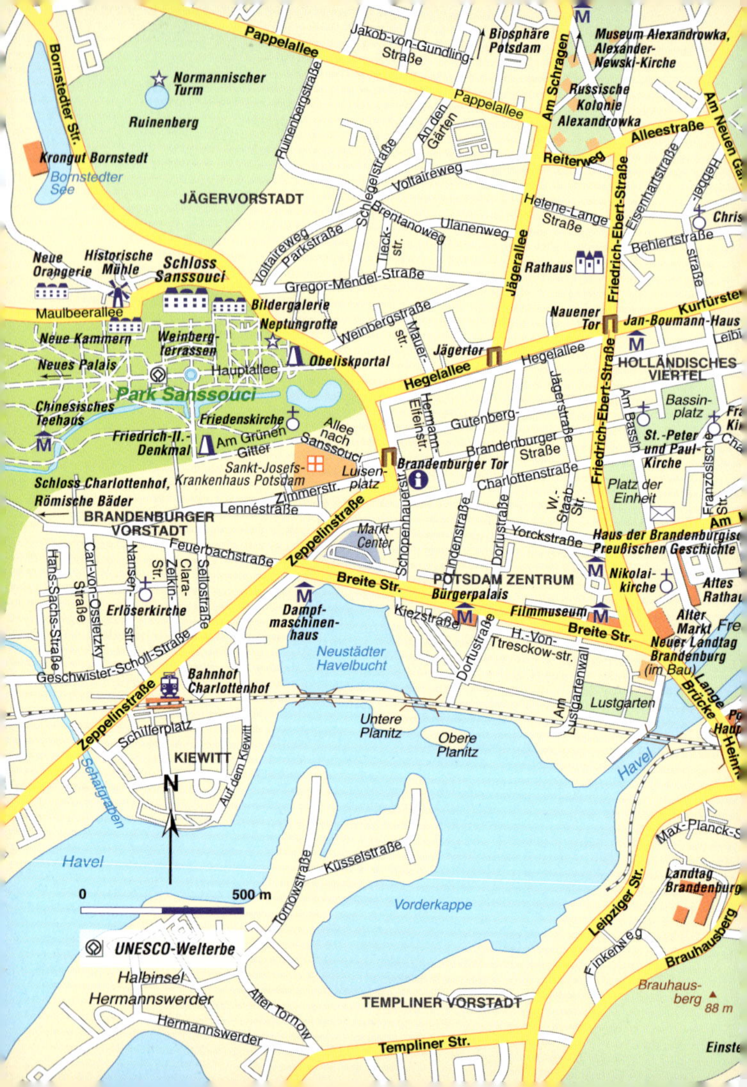

Pappelallee
Jakob-von-Gundling-Straße
Biosphäre Potsdam
Museum Alexandrowka, Alexander-Newski-Kirche
Russische Kolonie Alexandrowka
Am Schragen
Alleestraße
Am Neuen Garten
Bornstedter Str.
Normannischer Turm
Ruinenberg
Krongut Bornstedt
Bornstedter See
Ruinenbergstraße
An den Gärten
Reiterweg
Schlegelstraße
Voltaireweg
JÄGERVORSTADT
Helene-Lange-Straße
Eisenhartstraße
Hebbelstraße
Christ
Brentanoweg
Ulanenweg
Behlertstraße
Tieckstr.
Parkstraße
Jägerallee
Friedrich-Ebert-Straße
Rathaus
Neue Orangerie
Historische Mühle
Schloss Sanssouci
Gregor-Mendel-Straße
Maulbeerallee
Bildergalerie
Neptungrotte
Weinbergstraße
Nauener Tor
Kurfürstenstraße
Jan-Boumann-Haus
Neue Kammern
Weinbergterrassen
Mauerstr.
Jägertor
Hegelallee
Neues Palais
Obeliskportal
HOLLÄNDISCHES VIERTEL
Hauptallee
Park Sanssouci
Hermann-Elflein-Str.
Jägerstraße
Am Bassin
Bassinplatz
Chinesisches Teehaus
Friedenskirche
Allee nach Sanssouci
Gutenbergstraße
St.-Peter-und Paul-Kirche
Friedrich-II.-Denkmal
Am Grünen Gitter
Brandenburger Straße
Brandenburger Tor
Sankt-Josefs-Krankenhaus Potsdam
Luisenplatz
Charlottenstraße
Platz der Einheit
Französische Str.
Schloss Charlottenhof, Römische Bäder
Zimmerstr.
Lennéstraße
W.-Staab-Str.
BRANDENBURGER VORSTADT
Zeppelinstraße
Markt-Center
Schopenhauerstr.
Lindenstraße
Dortustraße
Yorckstraße
Am Kanal
Haus der Brandenburgisch-Preußischen Geschichte
Feuerbachstraße
Hans-Sachs-Straße
Carl-von-Ossietzky-Straße
Nansenstr.
Clara-Zetkin-Str.
Sellostraße
Breite Str.
POTSDAM ZENTRUM
Nikolaikirche
Altes Rathaus
Bürgerpalais
Erlöserkirche
Dampfmaschinenhaus
Kiezstraße
Filmmuseum
Alter Markt
Neuer Landtag Brandenburg (im Bau)
H.-Von-Ttresckow-str.
Neustädter Havelbucht
Geschwister-Scholl-Straße
Bahnhof Charlottenhof
Am Lustgartenwall
Lange Brücke
Lustgarten
Untere Planitz
Obere Planitz
Schillerplatz
KIEWITT
Auf dem Kiewitt
Schafgraben
Havel
N
0
500 m
Kiewitt
Max-Planck-Str.
Kusselstraße
Tornowstraße
Leipziger Str.
Landtag Brandenburg
Vorderkappe
Finkenweg
Brauhausberg
UNESCO-Welterbe
Halbinsel Hermannswerder
Alter Tornow
TEMPLINER VORSTADT
Hermannswerder
Templiner Str.
Brauhausberg 88 m
Einstein

Schloss Cecilienhof, Marmorpalais
BERLINER VORSTADT
Jagdschloss Glienicke
Glienicker Lanke
Heiliger See
RTEN
Ludwig-Richter-Straße
Rubensstraße
Mühlenweg
Berliner Str.
Mangerstraße
Helmholtzstraße
Otto-Nagel-Straße
Schloss Babelsberg
Museum
Kleines Schloss
Universität Potsdam
Tiefer See
Park Babelsberg
Fr.-Wilhelm-Höhe
77 m
Flatowturm
Hans-Otto-Theater
Waschhaus
Klinikum Ernst von Bergmann
Havel
Humboldtbrücke
Kindermannsee
Allee nach Glienicke
Holzmarkstraße
Türkstraße
Kanal
Am Babelsberger Park
Nuthestraße
Grenzstraße
Kolonie Eigenland
Semmelweisrstr.
Pasteurstraße
Turnstraße
Karl-Gruhl-Straße
Jutestraße
Mühlenstraße
Wollestraße
Tuchmacherstr.
Karl-Liebknecht-Straße
Humboldtring
Hans-Marchwitza-Ring
M-OST
BABELSBERG
Alt Nowawes
Neue Str.
Garnstraße
Kreuzstr.
Nuthepark
Nuthe
Lotte-Pulewka-Straße
Humboldtring
Wiesenstraße
Weberplatz
Wichgrafstraße
Rudolf-Breitscheid-Straße
F.-List-Str.
Babelsberger Str.
Friedrich-List-Straße
Babelsberg
Benzstraße
Johannsenstr.
Schulstraße
Kopernikusstr.
Filmpark Babelsberg
Friedrich-Engels-Straße
Nuthestraße
Lutherplatz
Wattstr.
Fultonstr.
Siemenstr.
Großbeerenstraße
Neuendorfer Anger
Dieselstr.
Friedhofsgasse
Heinrich-v.-Kleist-Str.
TELTOWER VORSTADT
Aradosee
Schlaatzweg
Horstweg
Walter-Klausch-straße
Alter Friedhof
Nuthe
Heinrich-Mann-Allee
Kolonie Daheim
Neuer Friedhof
Potsdam

Berlin – Mitte
0
250 m
N
Bandelstr.
Wilsnacker Str.
Rathenower Straße
Fritz-Schloss-Park
Turmstraße
Seydlitzstr.
Lessler-Ury-Weg
Lehrter Str.
Minna-Cauer-Str.
Hamburger Bahnhof – Museum für Gegenwart
Invalidenstr.
Hannoversche
Institute der Humboldt-Universität
St.-Johannis-Kirche
Otto-Dix-Str.
Invalidenstraße
Hauptbahnhof
Charité
Luisenstraße
Alt-Moabit
Calvinstr.
Spenerstr.
straße
Werftstr.
Willy-Brandt-Str.
Rahel-Hirsch-Straße
Schumann
Reinhardts
Melanchthonstr.
Lüneburger Straße
Schweizer Botschaft
Parlament der Bäume
Band des Bundes
Bundeskanzleramt
Bundestag
Paul-Löbe-Haus
Marie-Elisabeth-Lüders-Haus
Paul-Löbe-Allee
Schlosspark Bellevue
Paul-
Spree
Haus der Kulturen der Welt
Yitzhak-Rabin-Str.
Platz der Republik
Gedenkort Weiße Kreuze
Reichstag
Scheidemannstr.
Dorotheen
Schloss Bellevue
John-Foster-Dulles-Allee
Bundespräsidialamt
Pariser Platz
Spreeweg
Sowjetisches Ehrenmal
Brandenburger Tor
Unter
Großer Stern
Straße des 17. Juni
Denkmal für die ermordeten Sinti und Roma Europas
Behrenstr.
Siegessäule
Ebertstraße
Denkmal für die ermordeten Juden Europa
Tiergarten
Bellevueallee
Denkmal für die im Nationalsozialismus verfolgten Homosexuellen
Hofjägerallee
In den Ministergärten
Musikinstrumenten-Museum
Lennéstr.
Tiergarten
Museum für Film und Fernsehen
Voßstraß
Kunstgewerbemuseum
Sony Center
Potsdamer Platz
Tiergartenstraße
Kupferstichkabinett
Philharmonie
Leipziger Platz
Gedenkstätte Deutscher Widerstand
Kulturforum
Potsdamer Str.
Potsdamer Platz
Klingelhöferstr.
Köbisstr.
Gemäldegalerie
Staatsbibliothek
St.-Matthäus-Kirche
Stresemann-
Bauhaus-Archiv
Reichpietschufer
Stauffenbergstr.
Linkstr.
Gabriele-Tergit-Prom.
Köthener Str.
Neue Nationalgalerie
Lützowufer
Reichpietschufer
Schöneberger Ufer
Lützowstraße
Genthiner Str.
Dessauer Str.
Lützowplatz
Am Karlsbad
Anhalter Bahr
Mendelssohn-Bartholdy-Park
Kluckstraße
Bissingzeile
Anhalter Str.
Hafenplatz
Lützowstraße
Gruselkabinett
St.-Ludgerus-Kirche
Körnerstr.
Dennewitzstr.
Schöneberger Str.
Pohlstraße
Tempodrom

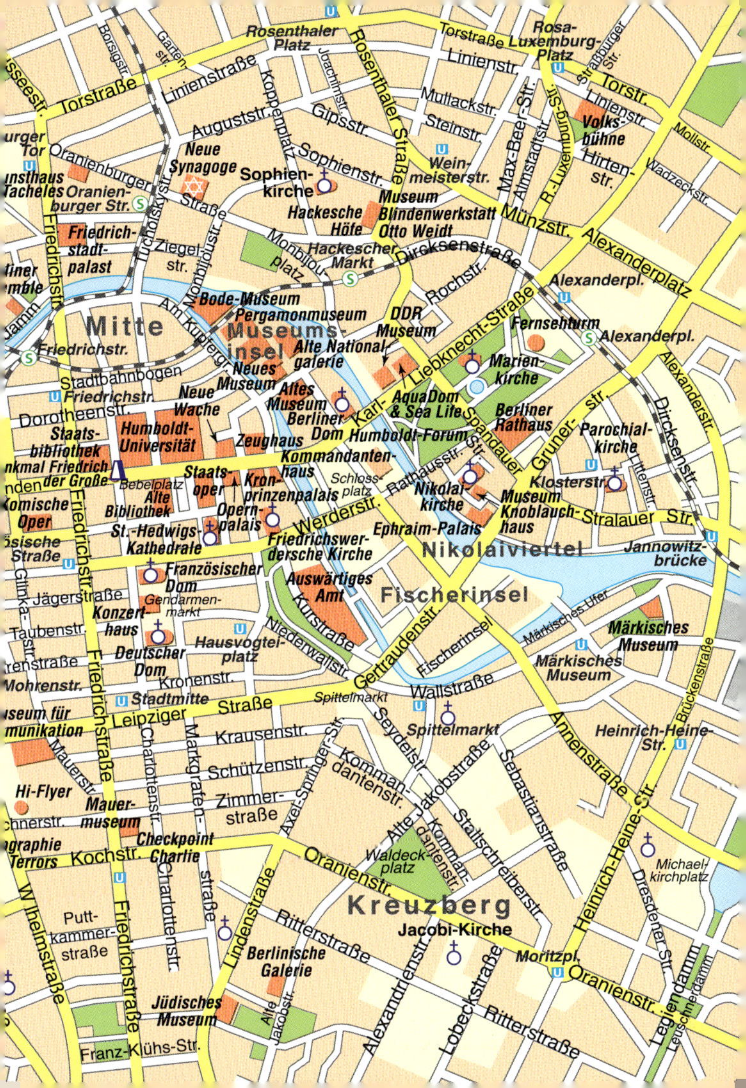
Rosenthaler Platz
Torstraße
Rosa-Luxemburg-Platz
Straßburger Str.
Borsigstr.
Garten-str.
Linienstraße
Linienstr.
Torstr.
Torstraße
Joachimstr.
Koppenplatz
Gipsstr.
Mulackstr.
Steinstr.
Rosenthaler Straße
Max-Beer-Str.
Almstadtstr.
R.-Luxemburg-Str.
Volksbühne
Mollstr.
Auguststr.
Neue Synagoge
Sophienstr.
Wein-meisterstr.
Hirten-str.
Wadzeckstr.
Oranienburger Tor
Oranienburger Straße
Sophien-kirche
Oranien-burger Str.
Tacheles
Hackesche Höfe
Museum Blindenwerkstatt Otto Weidt
Münzstr.
Alexanderstraße
Friedrich-stadt-palast
Tucholskystr.
Ziegel-str.
Monbijou-platz
Hackescher Markt
Dircksenstraße
Friedrichstr.
Monbijoustr.
Rochstr.
Alexanderpl.
Alexanderplatz
Mitte
Am Kupfergr.
Bode-Museum
Pergamonmuseum
Museums-insel
DDR Museum
Fernsehturm
Alexanderpl.
Friedrichstr.
Alte National-galerie
Karl-Liebknecht-Straße
Stadtbahnbogen
Neues Museum
Marien-kirche
Alexanderstr.
Friedrichstr.
Neue Wache
Altes Museum
AquaDom & Sea Life
Berliner Rathaus
Grunerstr.
Dircksenstr.
Dorotheenstr.
Berliner Dom
Spandauer Str.
Staats-bibliothek
Humboldt-Universität
Zeughaus
Humboldt-Forum
Parochial-kirche
Denkmal Friedrich der Große
Kommandanten-haus
Rathausstr.
Bebelplatz
Staats-oper
Schloss-platz
Nikolai-kirche
Klosterstr.
Littenstr.
Komische Oper
Alte Bibliothek
Kron-prinzenpalais
Museum Knoblauch-haus
Stralauer Str.
Friedrichstr.
Opern-palais
Werderstr.
Ephraim-Palais
St.-Hedwigs-Kathedrale
Friedrichswer-dersche Kirche
Nikolaiviertel
Jannowitz-brücke
Französische Straße
Französischer Dom
Auswärtiges Amt
Fischerinsel
Jägerstraße
Gendarmen-markt
Kurstraße
Glinka-str.
Konzert-haus
Märkisches Ufer
Märkisches Museum
Taubenstr.
Niederwallstr.
Fischerinsel
Märkisches Museum
Deutscher Dom
Hausvogtei-platz
Gertraudenstr.
Friedrichstraße
Mohrenstr.
Kronenstr.
Wallstraße
Stadtmitte
Spittelmarkt
Brückenstraße
Leipziger Straße
Spittelmarkt
Seydelstr.
Heinrich-Heine-Str.
Krausenstr.
Axel-Springer-Str.
Mauerstr.
Charlottenstr.
Markgrafen-straße
Kommandantenstr.
Sebastianstraße
Annenstraße
Schützenstr.
Alte Jakobstraße
Hi-Flyer
Zimmer-straße
Stallschreiberstr.
Mauer-museum
Checkpoint Charlie
Heinrich-Heine-Str.
Kochstr.
Oranienstr.
Komman-dantenstr.
Waldeck-platz
Michael-kirchplatz
Wilhelmstraße
Charlottenstr.
Kreuzberg
Dresdener Str.
Putt-kammer-straße
Lindenstraße
Ritterstraße
Jacobi-Kirche
Friedrichstraße
Berlinische Galerie
Moritzpl.
Oranienstr.
Legiendamm
Leuschnerdamm
Alexandrinenstr.
Lobeckstraße
Jüdisches Museum
Alte Jakobstr.
Ritterstraße
Franz-Klühs-Str.

Lübeck
0
300 m
N
1 Behnhaus Drägerhaus
2 Willy-Brandt-Haus
3 Günter-Grass-Haus
4 Salzspeicher
Trave
Wallhafen
Hansahafen
Wakenitz
Burgtor
Burgkloster
Heiligen-Geist-Hospital
St. Jakobi
Haus der Schiffergesellschaft
Musik- und Kongresshalle
Füchtingshof
Buddenbrookhaus
Katharinenkirche
Haasenhof
Marienkirche
Rathaus
Markt
Holstentor
TheaterFigurenMuseum
St. Petri
Von-Dornes-Hof
St. Aegidien
Museumsquartier St. Annen
Dom
Museum für Natur und Umwelt
Mühlenteich
Krähenteich
Klughafen
Stadtgraben
Stadt-Trave
Alte Trave
Friedenstraße
Gloxinstr.
Schwartauer Allee
Marienstr.
Marienbr.
Katharinenstr.
Bahnweg
Allee
Willy-Brandt-Allee
Lastadie
Drehbrücke
An der Untertrave
Engelswisch
Engelsgrube
Kiesau
Fischergrube
Beckergrube
Mengstr.
Fischstr.
Braunstr.
Holstenstr.
Blockquerstr.
Fünfhausen
Schüsselbuden
Breite Str.
Koberg
Kl. Burgstr.
Gr. Burgstr.
Gr. Gröpelgr.
Wakenitzmauer
Kanalstr.
Hafenstr.
G.-Radbruch-Platz
Roeckstr.
Brückenw.
Falkenstr.
Travemünder Allee
Langer Lohberg
Pfaffenstr.
Glockengießerstr.
Königstr.
Hundestr.
Dr.-Julius-Leber-Str.
Bei St. Johannis
Fleischhauerstr.
Hüxstr.
Kohlmarkt
Wahmstr.
Sandstr.
Aegidienstr.
Krähenstr.
Hüxterdamm
Falkenplatz
Falkenstraße
Kanalstraße
Mauer
Stavenstr.
St. Annen-Str.
An der Mauer
Depenau
Marlesgrube
Dankwartsgrube
Hartengrube
Parade
Fegefeuer
Mühlenstr.
Mühlenbrücke
Domkirchhof
An der Obertrave
Mühlendamm
Wallbrücke
Wallstr.
Wallstraße
Possehlstraße
Holstentorplatz
Lindenplatz
Nebenhofstr.
Werftstr.
Möslinger Allee
Meierstr.
Lachswehrallee
Zur Sägemühle
Wielandstr.
Finkenstr.
Hüxtertorallee
Wakenitzstr.
Kalandstr.
Spillerstr.
Bismarckstr.
Schillerstr.
Klosterstr.
Bäckerstr.
Mühlentorplatz
Kronsforder Allee
Stresemannstr.
Ratzeburger Allee
Bei der Wasserkunst
Brehmerstr.
Goethestr.
Kastorpstr.
Viktoriastr.
Possehlbr.

Travemünde
Timmendorfer Strand
Timmendorfer Weg
Rödsaal
Kowitzberg
Pamirweg
Niobestraße
Freistrand
Steenkamp
Lembkestraße
Leegerwall
Kaiserallee
Gneversdorf
Howingsbrook
Strandweg
Backbord
Strandpromenade
Lübecker Bucht
Grönlandstraße
Nordmeerstraße
Nordlandring
Achterdeck
Godewind
Godewind-park
Gneversdorfer Weg
Strandbahnhof
Hotel Casino
Moorredder
Quellenweg
Fehlingstraße
Grand Spa Resort A-ROSA
Kurpark
Nordemole
Brodtener Kirchsteig
Rose
St. Georg
Maritim Hotel
Mühlenberg
St. Joseph
Parkallee
Außenallee
Historischer Leuchtturm
Neuer
Malmö, Trelleborg, Helsinki, St. Petersburg
An der Bäk
Lotsenhafen
Hafenbahnhof
Vogteistraße
Jachthafen
Teutendorfer Weg
Vorderreihe
Passat
Kurgartenstraße
Sankt-Jürgen-Straße
St. Lorenz
Am Krautacker
Auf dem Baggersand
Passathafen
Dünenweg
Rönnauer Ring
Fähre
Dassow
Ivendorfer Landstraße
Travemünder Landstraße
Sport-platz
Rönnauer Mühle
Fischereihafen
Trave
Alte Werft
Fliegerweg
Mecklenburger Landstraße
Pötenitzer Weg
Wiekstraße
Rönnauer Weg
Europaweg
Marina Baltica
Bahnhof Skandinavienkai
Ostseestr.
Priwall
Rönnau
Naturschutzgebiet
Pötenitzer Wiek
Ivendorfer Landstraße
Skandinavienkai
N
Gewerbegebiet Skandinavienkai-Nord
0
500 m
Kücknitz
Lübeck

Rabendorf
Freidorf
B 503
K19
Scharnhagen
Eckhof
Strande
Oslo
Göteborg
0
2 km
N
K18
Sturenhagen
Fuhlensee
K17
Olympiahafen Schilksee
Strander Bucht
Dänischenhagen
Außenförde
Heisch
Schilksee
L 254
Lehnkaten
Seekamp
Kahlenberg
Ehrenmal und Technisches Museum
Stein
Dreilinden
K 5
Klausdorf
Magener Au
Altenholz
Pries
Laboe
Friedrichsort
B 503
K17
Stift
K 24
Jagersberg
K19
K 5
Brodersdorf
Schusterkrug
Brammerkrug
B 502
Flughafen Kiel-Holtenau
Möltenort
Neuheikendorf
Röbsdorf
Holtenau
Altheikendorf
Nord-Ostsee-Kanal
Schleuse
Heikendorf
Bombrook
Scheerhafen
Kieler Förde
B 503
B 502
Kitzeberg
Christinental
Wick
Tirpitzhafen
Schrevenborn
K 7
K 51
B 76
Bokh
K15
Mönkeberg
Muxall
K 7
K 21
L 50
Landgraben
B 76
K 31
Kasseteic
Ravensberg
Schönkirchen
K 24
Düsternbrook
Schönhorst
K10
K29
Neumühlen
L 321
K 21
Dietrichsdorf
Ostseekai
L 194
Kieler Schloss
Altstadt
Wellingdorf
Siedlung Oppendorf
Nikolaikirche
Museumsschiffe
Schwentine
B 502
L 52
Schwedenfähren
Norwegenfähren
Fuchsberg
Ellerbek
Kiel
K 23
Gaarden
Gut Oppendorf
K 1
Klausdorf

Redaktion
Andreas Uebelhart

Konzept
Karin Palazzolo

Gestaltung
Matias Jolliet

Fotos
S. 1: Huber/Krammisch (Wehlen, Sächsische Schweiz);
S. 2: istockphoto.com/Hadyniak (Wegweiser »Karlsbrücke«), –/podgorsek (Reichstagskuppel, Berlin), –/Nikada (Sächsische Schweiz), –/Frost (Goldener Reiter, Dresden)

Kartografie
JPM Publikationen, Mathieu Germay

JPM Publications S. A.
Avenue William-Fraisse 12
1006 Lausanne, Schweiz
information@jpmguides.com
http://www.jpmguides.com/

Printed in Germany
14651.02.14254
Ausgabe 2014